여
자
들
의 사
   회

여자들의

사회

권김현영 지음

여자의 우정 혹은 여자들의 관계라는 말 대신 굳이 '사회'라고 이름을 붙인 이유가 있다. 여자의 삶에서 다른 여자들과의 관계는 대단히 큰 의미를 차지하지만, 여성이 동성과 맺는 다양한 사회적 관계에 대한 관심은 놀라울 정도로 적었다. 기껏해야 관계 중심성이 여성의 특질이라는 해석 정도가 나왔을 뿐이다. 나는 여성의 행위는 그 자체로 보편적 인간으로서의 구체성을 설명할 수 있다고 생각해왔다. 남성의 사회적 행위가 인간 사회를 설명해준다면, 여성 역시 그렇다. 그러므로 '여성'이 관계 중심적인 것이 아니라 '인간'이 관계 중심적이다. 당연한 말이지만, 여성은 남성의 타자가 아니라 인간 그 자체다. 그러므로 여자들의 사회에 대해 다루는 이 책은 곧 우리가 살고 있는 사회에 대한 이야기다.

최근 여성 서사에 대한 관심이 높다. 바야흐로 여성 서사의 시대라고 할 만큼 문화 전반에 걸쳐 여성에 대한 이야기가 다시 쓰이고 있다. 특히 대중문화 영역에서는 여성 인물들이 이전과는 다른 방식으로 집단적 가시성을 획득했다. 페미니즘에 대한 백래시가 거센 와중에도 여성들이 등장한 문화 콘텐츠들은 대성공을 거두었다. 오랫동안 남성들이 독식해온 예능 프로그램에 여성들이 감초가 아니라 주인공이 되어 등장했고, 로맨스 판타지와 같은 '여성향'의 새 장르는 여성 서사를 적극적으로 차용하고 있다. 《작은 아씨들》, 《빨강머리 앤》처럼 시간과 공간을 지나오며 큰 사랑을 받은 작품들은 영화로 드라마로 다시 만들어져 시대상에 따라 재해석되어 작품의 의미를 갱신해나가고, 〈고양이를 부탁해〉처럼 더 주목받았어야 할 영화도 20주년을 기념해 재개봉하여 관객과 다시 만났다.

여성이 팀의 일원이 아니라 팀 그 자체로 등장한 게 중요한 이유는 여성이 집단으로 등장해야 비로소 개인으로서 자유로울 수 있기 때문이다. 여자들의 사회에서 여자들은 웃고 울고 싸우고 경쟁하고 좌절하고 실망하면서 인간으로서 폭넓은 잠재성을 가진 복잡한 존재임을 드러낼 기회가 생긴다. 그런 모습이 드러날수록 여자들과의 관계에 대한 강박도 규범도 더 가벼워질 수 있다. 여자의 적이 여자는 아니며, 여자들이 무조건 서로 친구가 되어야 하는 것도 아니다. 남성과의 관계에서만 여성의 이름과 역할이 부여되는 시대는 지났다. 앞으로는 여자들의 사회에 대한 해석과 재해석이 넘쳐날 것이다. 이 책이 그중 하나가 되기를 바란다.

차례

프롤로그   4

1 너에게 내가 누구인지 말하고 싶어   9
《17세의 나레이션》

2 서로를 길러내는 우정에 대해   25
〈빨강머리 앤〉

3 거부당한 정체성의 여정   41
〈윤희에게〉

4 너에게만은 부끄럽고 싶지 않은 마음   55
〈하루만 네가 되고 싶어〉

5 자매를 미워하기엔 인생이 너무 짧아   71
《작은 아씨들》

6 이름을 기억할 것, 사랑할 것, 그리고 낙관할 것   83
《소녀 연예인 이보나》

7 이토록 다른 우리가 친구가 되기까지   93
〈청춘 시대〉

8   외롭지 않냐고? 고양이와 살면 되지!   107
    〈고양이를 부탁해〉

9   잊지 않기를, 버텨내기를, 끝내 자유롭기를   119
    〈미쓰백〉

10 노블 골드 캐슬 아파트 부녀회의 비밀   133
    〈위대한 방옥숙〉

11 몸으로 만나는 여탕의 세계   149
    〈여탕 보고서〉, 〈급한 목욕〉

12 여적여는 어떻게 연대로 변하는가   163
    〈동백꽃 필 무렵〉

13 잘 봐, 언니들 싸움이다   177
    〈스트릿 우먼 파이터〉

에필로그   192
인용 작품 목록   196
주   197

1

너에게
내가 누구인지
말하고 싶어

《17세의 나레이션》

자신감이 없고 늘 실수할까 두렵고
이제야 자기가 자기 자신인 것에
겨우겨우 적응해가는 17세 세영이의 감정이
빈칸에 드문드문 적혀 있었다.
주인공의 마음을 독자에게 전달하는 내레이션 장치는
17세의 평범한 여고생을
'내면을 가진 존재'로 인식하도록 해주었다.

실패의 기억들

✳

17세부터 25세. 인간은 대체로 이 시기에 개성을 가진 독자
적 인간으로 자란다고 한다. 저 나이 때 내게 가장 중요했던 건
여자 친구들과의 관계였다. 시간이 너무 천천히 흘러서 '아마 이
장면을 나는 평생 기억하겠구나.'라고 생각했던 순간도 있었고,
갑작스럽게 단절된 관계의 퍼즐을 풀지 못해 망연자실하다가
기어이 가슴이 뻥 뚫려버린 기억도 있다. 가장 큰 행복을 준 것
도 가장 큰 상처를 주고받은 것도 여자 친구들과의 관계에서였
다. 어쩌다 보니 관계가 끊어진 친구도 있었고, 헤집고 헤집다가
결국은 아무것도 봉합하지 못하고 완전히 끝나버린 관계도 있
었다. 요란하게 절교하기도 했고, 모르는 새 절교당하기도 했다.

나는 언제나 여자들과의 관계가 어려웠고 자신이 없었다. 몇 년 전 "언니는 친구 없잖아."라고 친구이자 후배가 툭 던진 놀림에 나도 모르게 "응, 난 친구 없지."라고 답해서, 나중에 그 얘기를 들은 친구들에게 "네가 친구가 없긴 왜 없어!"라고 구박받은 적도 있다. 그런 쭈그러든 마음이 조금씩 다림질되고 풍화되어서 지금은 어떤 관계는 실패가 아니라 그냥 기한이 만료된 거라고 생각할 수 있게 되었고, 또 다른 관계는 이제 문제가 뭐였는지도 기억나지 않지만 굳이 다시 이어 붙이려고 하지 않는다.

한번은 "쟤는 남자 무서운 걸 모른다."라는 말을 들은 적이 있다. 아마 스물두 살쯤에 여자 선배한테 들었던 말로 기억하는데, 칭찬도 비난도 아닌 건조하고 차가운 말투였다. 젊은 여자를 유독 함부로 대하는 한국 사회에서 흔하디 흔하게 겪는 일을 나만 피해 간 것도 아니었는데, 그 선배의 말이 사실이긴 했다. 어떤 일을 겪어도 나는 남자가 무서워지지 않았다. 그 말을 듣고는 생각했다. 내가 진짜 무서워하는 건 늘 여자였다고, 여자한테 미움을 받는 일에는 영 면역이 생기지 않는다고. 그나마 다행인 것은 (한 친구가 '쯧쯧' 하는 표정을 지으며 말해주었는데) 나는 사람들의 악의를 눈치채는 데 아주 무능하다고 했다. 그렇다면 내가 몰랐던 악의가 더 있다는 거냐고 되물었지만 현명했던 그 친구는 그냥 웃으면서 몰라도 된다고 했다. 거대한 뒤통수를 맞은 것도 여러 번이었다. 하지만 화가 나기보다는 주로 슬펐다. 나는 늘 여자들에게 인정받고 사랑받고 싶었으니까.

여자 친구들과의 완전한 순간

✳

돌이켜 생각해보면 대학에 입학하기 전까지 나는 거의 완벽한 여성 동성 사회에서 살았다. 17세부터 19세까지, 나라는 인간에 대한 총체적인 인식을 처음으로 하기 시작했을 때 온몸의 감각은 여자 친구들과 관계의 퍼즐을 맞추는 데 쏠려 있었다. 중학교와 고등학교는 남녀공학이었지만 완벽하게 분리되어 있었다. 내가 다닌 중학교는 긴 복도 가운데에 철문이 잠겨 있고, 중앙 계단은 보통 이용하지 않았다. 중앙 계단은 친구와 오래오래 얘기할 때나 사용하는 공간이었다. 누군가 거기서 얘기를 하고 있으면 그 자리를 피해주는 게 암묵적인 룰이었다.

누군가 이렇게 말한 기억이 난다. 옆동네 H 고등학교는 합반이래. "와아아~" 분명히 부러워하는 소리를 내려고 한 것일 텐데 어째 뒤끝이 영 시시하게 잦아들었다. "불편할 거 같은데?"라고 누가 말하면 "그래, 정신이라도 승리하자." 이렇게 농담을 주고받았다. 어딘가 작위적이었다. 합반을 갈망하는 여고

생의 연기랄까. 사실 합반을 원하지도 않았으면서.

공학이라는 걸 실감하는 순간은 주로 운동장을 바라볼 때였다. 운동장에는 항상 남자애들이 있었다. 저녁을 먹고 난 다음 좀 어둑어둑해져야 아주 잠깐 운동장이 빌 때가 있었는데, 야간 자율 학습이 시작될 즈음 중년의 남자 교장이 화려한 운동복으로 갈아입고 운동장을 뛸 준비를 했다. 교장은 남자애들의 농구 경기에 기웃거리며 말을 걸곤 했고, 그게 불편했든지 아니면 옷 갈아입어야 하는 시간이 필요했는지 모르지만 남자애들은 쉬는 시간이 채 끝나기도 전에 운동장에서 사라지곤 했다. 그때를 이용해서 자율 학습이 시작된다는 경고를 들을 때까지 몇몇 여자애들이 운동장을 뛰어다녔다. 그리고 교장이 나타나면 운동장을 뛰던 여자애들이 우르르 다시 교실로 향해 달려갔다. 그 짧은 순간에 교복 치마를 입고 웃으면서 최대한 큰 보폭으로 경중경중 달리는 장면이 지금도 기억에 생생하게 남아 있다. 그렇게 뛰면 폭이 넓은 치마가 활화산처럼 퍼졌다.

운동장 저쪽 끝 벤치에는 가끔 한두 명의 남자애들이 있었는데, 나중에 성인이 되어 자신이 바로 그 벤치에 있었다는 동창을 만난 적이 있다. 남자 동창이라니 그때서야 내가 공학을 나왔다는 걸 실감했다. 고등학교 때부터 오픈리 게이로 지낸 그는 남자애들 사이에서 공공연한 왕따였다고 했다. 신기하게도 운동장 얘기를 하자 그도 운동장에서 다른 남자애들이 다 사라지고 여자애들이 팔을 벌리고 하늘을 보며 소리를 지르던 순간을 기억하고 있었다.

중·고등학교 내내 남녀공학의 남학생들은 2D로 존재했고, 여자 친구들과의 관계는 아이맥스로도 담지 못할 다면체였다. 나는 그 퍼즐을 도저히 풀 수 없어 종종 길을 잃곤 했다. 때로는 슬프고 지치기도 했지만 내게 여자 친구와의 관계는 너무나 중요했다. 엄마는 늘 엄마의 친구들에게 '손이 하나도 안 가게 해서 기특한 막내'라고 나를 소개했다. 엄마를 귀찮게 하지 않는 게 내게는 매우 중요한 일이었다. 가족에게 내가 어떤 사람인지 말하고 싶다는 생각은 전혀 없었다. 나는 친구들과의 시간에서만 나의 중력을 다 쓸 수 있었다. 내가 여기 다 와 있는 느낌. 17세 즈음에 만난 인생의 친구들은 그 모든 관계의 공백과 쓸쓸함을 메워줄 수 있는 존재였다. 나는 그들의 관심을 끌기 위해 열렬히 노력했다. 아빠가 취미로 배운 수지침과 손금, 그리고 이름풀이를 곁눈질로 배워 아이들에게 알려주고, 언니의 책장에서 뽑아 읽은 소설 《태백산맥》에 나오는 소화와 정하섭의 사랑 이야기를 에로 영화처럼 묘사했다. 나는 귀신 이야기를 비롯해 각종 이야깃거리를 언제나 잔뜩 가지고 있었다.

내가 나일 수 있었던

✳

그 시절에는 말이 통하고 마음이 맞는 친구와 몇 시간이고 얘기하곤 했다. 그 대화가 어떤 주제였는지 거의 잊어버렸다가 이 글을 쓰려고 하자 편린들이 하나둘 떠올랐다. 그 길고도 긴 대화들은 대부분 나는 어떤 사람인지, 너는 어떤 사람인지, 내가 본 너는 어떤지, 네가 본 나는 어떤지에 대한 내용이었다. 그런 이야기를 정말 다양한 버전으로 지치지도 않고 했다. 때로는 '질문의 책'을 손에 들고 하기도 했고, 투명 아크릴에 담긴 질문 카드 상자를 이용하기도 했다.

17세에게 마음이 통하는 친구란, 그렇게 간절했지만 그만큼 쉽게 오해가 쌓이는 사람이기도 했다. 강경옥의 만화 《17세의 나레이션》의 주인공인 세영이는 어디서나 어중간한 자신이 계속 불편하다. 특별히 예쁜 것도 아니고, 공부를 아주 잘하는 것도 아니고, 유머 감각이 뛰어나지도 않고, 어른스럽지도 않은 자신이기에 누군가에게 특별한 존재가 될 수 있을 거라는 생각을 좀처럼 하지 못한다. 어느 날 꽤 친밀하게 지내온 현정이가 갑자기 세영과 거리를 둔다. 분명히 이전과 달라졌는데 짚이는 데가 없다. 세영은 현정이와 자신이 어느 정도의 관계인지 혼란스럽다. 아직 단짝이라고 할 만큼은 아니어도 꽤 마음이 통하던 친구였는지, 그마저도 일방적인 감정이었을지 모른다. 세영은 갑자기 다 자신이 없어진다.

그런 세영의 내면이 꼭 나와 비슷하다고 생각했다. 나로 살기에 좀 자신이 없다는 생각. 갑자기 말을 하지 않는 친구의 속마음을 알기가 몹시 어려웠다. 세영이와 현정이는 각자 서로에게 충분히 좋은 친구였는지, 이 감정이 일방적이었던 건 아닌지 궁금하지만 내놓고 묻지 못한다. 그러기에는 자신이 없으니까. 《17세의 나레이션》에는 자신감이 없고 늘 실수할까 두렵고 이제야 자기가 자기 자신인 것에 겨우겨우 적응해가는 17세 세영이의 감정이 빈칸에 드문드문 적혀 있었다. 당시 순정 만화에 종종 도입되었던 주인공의 마음을 독자에게 전달하는 이러한 내레이션 장치는 17세의 평범한 여고생을 '내면을 가진 존재'로 인식하도록 해주었다. 이 점은 매우 중요한데, 내면을 가진 독자적 존재여야 상호 동등함에 기반한 우정이란 관계를 만들 수 있기 때문이다.

자신의 내면에 대한 자의식을 가진다는 건 곧 스스로를 한 명의 개인으로 인식한다는 의미다. 여기에서부터 근대 인권 개념이 탄생했다. 역사학자 린 헌트에 따르면 인간은 내면을 가진 자율적 존재이며, 타인 역시 그러한 존재라는 것을 상상을 통해 그려볼 수 있었을 때 비로소 인권이라는 개념이 생겨날 수 있었다.[1] 내면을 인식하는 방법의 하나는 글쓰기였다. 글쓰기를 통한 자아의 재현은 근대적 개인을 경제적·심리적 리얼리티를 가진 존재로 만들었다. 낸시 암스트롱은 18세기 여성 작가들이 쓴 소설을 통해 내면을 가진 도덕적 주체로서의 근대적 개인의 형상이 탄생했다고 분석하는데, 그런 점에서 근대 개인은 무엇보다 여성이었다.[2] 개인의 내면을 드러내는 일은 16세기 이전 유럽 사회에서는 상상할 수 없는 일이었다. 변화는 18세기 이후 여성 독서가들로부터 시작되었다. 책을 읽는 여인은 책 안에 펼쳐진 세계와의 동맹을 맺고 자신을 둘러싼 가족과 공동체로부터 요구된 통제에서 벗어날 수 있었다. 《책 읽는 여자는 위험하다》의 저자 슈테판 볼만은 책 읽는 여자가 위험한 존재로 취급당한 세 가지 이유를 든다. 책 읽는 여자는 어떤 사람도 들어올 수 없는 자신만의 자유 공간을 획득하고, 그것을 통해 독립적인 자존심을 세우며, 자신만의 방식으로 세상을 본다. 위험할 만도 하다.[3]

십 대 시절 나는 아빠의 책장과 언니의 책장에서 몰래 책을 빼내 수십 번씩 다시 읽곤 했다. 이에 대해 누군가에게 말할 수 있게 되었을 때, 그리고 상대와 같은 페이지에서 의문을 가졌다는 것을 알았을 때, 17세가 사회와 세계에 대해 얘기할 때 그것을 진지하게 들어주는 친구를 만났을 때의 깊은 안도감을 지금도 잊을 수 없다. 과제 노트에 빽빽하게 피드백을 해준 전교조

선생님에게 받은 인정과는 또 다른 기쁨이었다. 말이 통하고 생각을 교환할 수 있는 친구를 만난다는 건 내가 나로 살아도 된다는 커다란 오케이 사인 같은 거였다.

내가 혼자가 아닌 그곳, 언니네

✳

스물다섯이 된 2000년, 나는 여성주의로 숨 쉬는 마을, 〈언니네〉 운영진으로 합류했다. 〈언니네〉는 페미니스트를 위한 대중적인 포털 사이트를 꿈꾸었다가 나중에는 비영리 민간단체로 바뀌었는데, 당시 〈언니네〉 사이트 이용자는 가입자 수 기준으로만 5만여 명에 달했다. 〈언니네〉의 주요 서비스 중 하나였던 '자기만의 방'은 네이버 블로그 서비스보다 먼저 시작했던 개인 블로그 형식의 페이지였다. 2000년에 개설하여 5년간 총 1,300여 개가 만들어졌다.

〈언니네〉는 페미니스트 공동체이자 여성 동성 사회성을 경험하게 했던 공간이기도 했다. 〈언니네〉에 여자만 가입할 수 있었던 것은 아니었고 소수의 남자 회원들도 있었다. 하지만 남자 회원들이 존재한다고 해서 이 여성주의 사이트의 여성 동성 사회성이 방해받지는 않았다. '여성 동성 사회성'이라는 표현을 굳이 덧붙인 이유는 동성 사회성^{homosociality}이라는 말이 동성 간의 사회적 관계 중에서도 특히 남성 간의 관계를 지칭하는 말로 사용되어왔기 때문이다. 기존의 연구에서 동성 사회성은 동성 간의 성애와 구분되는 동성 간의 사회적 관계를 지칭하는 말로 주로 사용되었다. 여기에서 동성 간의 사회적 관계는 권력에 의해 서열화되는 수직적 관계로도 나타나고, 폭넓은 친밀감을 나누는 수평적 관계로도 존재한다.[4]

　　남성들의 동성 사회성에서 동성 성애적 가능성을 완전히 제거하는 것이 중요하다면, 여성 동성 사회는 남성 동성 사회보다 상대적으로 덜 이분법적이다. 남성들 간의 동성 사회성은 동성애와의 구분을 위해 호모포비아^{homophobia}를 공공연하게 드러내고 이 과정에서 여성을 성애적 대상으로서 소환하는 여성 혐오^{misogyny}를 일상의 남성 문화로 소환하는 데 비해, 여성 동성 사회에서는 여성들이 서로에게 관심을 기울이는 다양한 방식이 모녀 관계, 자매애, 여성들의 우정, 네트워킹, 페미니스트 동지애 등 더 넓은 스펙트럼으로 펼쳐진다[5]. 실제로 여성들 간의 낭만적 우정은 종종 에로틱하게 발전하기도 하는데 이에 대한 사회적 금기는 상대적으로 느슨한 편이다. 이에 대해 로이스 타이슨은 가부장제 사회는 여성들의 본성상 감정 과잉임을 내보이는 것을 매력이라고 부추겼기 때문에 여성들이 서로 낭만적 우정

을 격렬히 열정적으로 표현하는 것이 가능했다고 분석한다.[6]

여자들의 관계는 남근 중심의 의미화 경제 속에서 '한때'의 문제로, 남자 없는 세계의 대리 보충 같은 형태로 이해됐다. 그러나 가부장제에 포섭되지 않는 여자들의 사회가 설령 불완전하고 임시적이었다고 해도 그것은 남자가 없기 때문이 아니었다. 여자들 간의 관계는 딱 잘라 말할 수 없는 중간 지대에 놓여 있다. 오히려 남자 친구가 생기면 여자들의 사회는 종종 냉각되곤 했다. 남성 동성 사회에서 여자가 이성애 남성의 알리바이로 등장하여 혐오 혹은 숭배의 대상으로 타자화되었던 것과 비교하자면, 여성 동성 사회에서 남자는 구성 요소로 등장조차 하지 않았다. 그럴 필요가 애당초 없었다.

이것이 여자들의 사회다

✳

《언니네 방》은 언니네 회원들이 '자기만의 방'에 올린 글을 엮어 만든 책이다. 당시 출판팀은 솔직하고 당당하고 통쾌하고 때로는 함께 분노할 만한 이야기들이 실려 있는 이 '페미니즘' 책을 한참 인기였던 여성들의 자기계발서 칸에 두어, 독자들이 부지불식간에 읽게 하겠다는 목표가 있었다. 실제로 2006년 출간 당시 2만 부가량 판매되었고, 대만에도 번역 출간되었으며, 2007년에는 《언니네 방 2》가 나왔으니 어느 정도는 목표를 달성했다고 자부할 수 있다. 여자들이 서로를 응원하여 만들어낸 공동의 이야기를 세상에 내놓았다는 점이 부듯했는데, 무엇보다도 여자들의 사회에 대한 관음증적 욕망에 더 높은 벽을 만드는 식으로 대응한 게 아니라 그것을 적극적으로 이용했다는 점이 통쾌하기도 했다. 당시 문화일보는 이 책을 〈언니네〉의 '자기만의 방'에서 5년 동안 가장 많은 회원들의 호응을 받았던 글을 추린 '비밀 실화' 에세이라고 소개했다. 책의 띠지에는 "일기장에도 차마 쓰지 못했던 이야기"라는 문구가 달려 있었다. 여자들끼리의 공간에서 나눈 은밀한 비밀 이야기를 훔쳐볼 수 있는 것처럼 '낚시'를 한 셈이다.

이처럼 여성 동성 사회는 언제나 관음의 대상으로 욕망되곤 했다. 〈언니네〉 운영진이 되기 전 피시 통신 여성 모임을 운영할 때 가장 큰 골칫거리는 몰래 아이디를 만들어서 들어온 남자 회원들을 걸러내는 일이었다. 익명 게시판에 올라오는 글을 모두 퍼가서 자기들끼리 돌려보는 일도 있었고, 심지어 모 주간지의 남자 기자는 거기에 '르포' 에세이라고 이름을 붙여 기사화한 적도 있었다. 다들 꽤 민감해질 수밖에 없는 순간이었다. 아이디와 비밀번호를 남자 친구에게 알려준 회원은 강퇴를 당했다. 하지만 막으면 막을수록 어떻게든 몰래 들어오는 것을 완전히 막는 일은 점점 더 어려웠다. 인터넷 기반의 페미니스트 공동체 커뮤니티를 지향했던 〈언니네〉에서는 진짜 여자가 맞는지 확인하는 것이 사실상 불가능하다고 판단하여 아예 주민등록번호를 수집하지 않았다. 사이트의 지향과 가치에 동의하는지를 물었을 뿐 남자를 걸러내기 위한 노력을 전혀 하지 않았다. 대신 모두가 동일한 목적으로 만든 자유 게시판, 익명 게시판, 토론 게시판, 소모임 게시판 등을 사용하는 중앙 집중적 형태가 아니라 관심사와 활동 방식에 따라 여러 개의 중심을 두었다. 익명 게시판은 아예 없었고, 커뮤니티와 개인 블로그, 지금의 위키백과 같은 일종의 지식 놀이터를 만들었다. 결국 자본력을 비롯한 여러 복합적인 이유에서 사이트를 닫았지만, 이때의 경험은 여자들의 사회를 어떻게 만들어나갈 것인지 생각할 때 지금까지도 가장 중요한 참조점이다.

내가 경험하며 꿈꿔온 여자들의 사회는 남자 없는 사회가 아니라 남자가 필요 이상 중요해지지 않는 사회다. 또한 여자들 간 관계의 의미가 과소평가되지 않는 사회고, 서로 친구가 된다는 것이 얼마나 큰 의미가 있는지에 대한 감각을 공유한 사회며, 여자라는 동질성 아래 같은 구호를 외치는 사회가 아니라 우리가 모두 각각의 고유한 개인으로 존재할 수 있고, 바로 그 점을 충분히 존중받을 수 있기에 함께 있는 것이 의미 있는 그런 사회다. 그런 이야기들을 언제나 하고 싶었다. 여자의 인생에서 이렇게 중요한 의미를 차지하는 여자들의 관계에 대한 이야기는 여전히 지나치게 적으니까.

2

서로를
길러내는
우정에 대해

〈빨강머리 앤〉

앤과 다이애나의 관계만큼
노골적으로 여자들의 우정에 대해 몰두하여
묘사한 작품이 또 있었을까.
그렇게나 다른 둘이 어떻게
만나자마자 단짝이 되었을까.
내게 그건 커다란 수수께끼였다.

단짝은 어떻게 만들지?

✳

초등학교 6학년 때였다. 5학년을 거의 마칠 즈음에 전학을
했다. 그전까지 동네의 골목에서 함께 나고 자란 애들과 방과 후
의 시간을 보내고 학교에서는 또 비슷한 자리에 우연히 앉게 된
애들과 학교에서의 시간을 보내면서 태평하게 지내온 터였는
데, 전학 온 학교에서 만난 아이들은 사뭇 달랐다. 호기심도 호
의도 아닌 서열을 정하려는 질문 공세를 받고 난 다음에야 나는
전학 오기 전에 함께 지냈던 친구들이 무척 그리워졌다. 편지를
썼다. "뭔지 모르겠지만 여기는 아주 달라. 나는 아무래도 점수
가 매겨지고 있나 본데 아무도 그 점수를 어디에 쓰는지 말해주
지 않아." 친구에게선 함께 보냈던 시간을 추억하는 답장이 왔

다. 지금 어떻게 지내는지 궁금했는데, 우리는 이미 과거가 되었구나. 몇 번 더 편지가 오가다가 어느새 누가 먼저랄 것도 없이 멈췄다.

　학년이 바뀌어 6학년이 되기를 기다렸다. 6학년이 되자 반에는 무리가 생겨났는데, 이때 만들어진 무리는 그전 학교에서도 직전 학년에서도 한 번도 보지 못한 형태였다. 여자애들과 남자애들은 한 반이었지만 더 이상 친구로는 지내지 못하는 방식으로 분리되었고, 남자애들 사이에서는 양극단의 서열이 만들어졌다. 중간 지대는 그 질서를 모른 척하는 애들로 채워졌다. 여자애들은 크게 세 그룹으로 나뉘었는데, 남자애들보다는 노골적이지 않았지만 그룹 간에는 분명한 서열이 있었다. 이제 막 "일본에는 이지메라는 게 있다며?"라는 말이 떠돌기 시작한 시절이었다. 팽팽한 긴장이 시시때때로 흘렀다. 그전처럼 태평하게 있다가는 휩쓸려가기 딱 좋은 상황이라 단짝 친구 한 명이 간절했다. 하지만 독점적인 단짝 친구 같은 형태의 인간관계를 한 번도 만들어보지 않았던 터였다. 단짝은 어떻게 만들지?

　〈빨강머리 앤〉을 녹화해서 보고 또 보았던 건 그때의 긴장 때문이었을지도 모르겠다. 일요일 아침과 평일 저녁 6시는 텔레비전에서 애니메이션을 틀어주는 시간대였다. 세계 명작 극장판 애니메이션 〈빨강머리 앤〉도 그때 방영되었다. 지브리 스튜

디오의 창립 멤버인 타카하타 이사오가 연출과 감독을 맡았고 〈귀를 기울이면〉의 콘도 요시후미가 작화를 맡은 이 50부작 TV 시리즈는 루시 모드 몽고메리의 원작 소설을 따라 매우 충실하게 만들어졌는데, 일설에 따르면 타카하타 이사오가 앤이라는 인물의 심리 상태가 도저히 이해되지 않아 차라리 원작에 충실하겠다고 결심한 결과였다고 한다. 여성 인물을 입체적으로 묘사하는 데 정평이 나 있는 타카하타 이사오조차 앤의 감정선을 이해하기 어려워 곤란을 겪었다는 점이 재밌다. 하긴 앤처럼 열렬하게 우정을 '구애'하는 캐릭터는 전무후무하니까.

영원한 맹세

✳

원작 소설과 애니메이션, 그리고 넷플릭스 시리즈로 만들어져 백 년 넘게 사랑받는 〈빨강머리 앤〉이 가장 공들여서 집중하는 이야기는 '우정' 그 자체다. 그중에서도 50부작 애니메이션 TV 시리즈에서는 단연 다이애나의 존재가 부각되어 있다. 다이애나가 제목에 등장하는 편만 꼽아도 네 편('다이애나를 다과회에 초대하다', '다이애나의 생일', '다이애나의 추억', '다이애나와의 마찰')일 정도다. 다이애나가 앤의 실수로 술에 취한 사건, 다이애나의 막내 여동생 미니 메이에게 닥친 시련과 이를 해결하는 앤, 다이애나의 부모님으로부터 존재 가치를 인정받는 앤, 이후 진학과 취업 등 꿈을 향해 나아가는 앤과 부모님의 기대를 저버리고 싶어하지 않는 다이애나 등등 둘 사이에 수많은 에피소드들이 펼쳐진다. 〈빨강머리 앤〉에서 서사적 긴장이 최고조에 달하는 순간은 앤이 길버트의 머리를 석판으로 내려치는 때가 아니라, 여러 오해가 쌓여 다이애나의 모친이 앤에게 더 이상 다이애나와 교류하지 말라고 하다가 극적인 사건으로 금지가 해소되는 순간이다.

'영원한 맹세' 편은 아예 다이애나와의 우정 서약을 맺는 내용으로만 채워져 있다. 앤과 다이애나와의 첫 만남은 서로에게 한눈에 반하는 장면처럼 연출된다. 앤은 다이애나를 보자마자 그대로 돌진하여 자신을 좋아해 달라고 친구가 되자고 한다. 앤은 다이애나의 손을 잡고 태양과 달이 비추는 한 내 마음의 벗에게 충실하겠다고 맹세한다. 다이애나는 그런 앤에게 네가 참 이상한 애라는 얘기는 들었지만 나는 널 좋아하게 될 것 같다며 함께 손을 잡는다. 둘은 서정적이라기엔 격렬하고 낭만적이라기엔 지나치게 과장되어서 조금은 우스꽝스러울 정도인데, 결국엔 나도 눈빛 하나 흔들리지 않고 서로를 바라보는 장면을 더없이 사랑스럽게 지켜보게 된다. 검은 머리를 곱게 땋아 올린 아름다운 외모에, 마을에서 가장 부유한 집안의 장녀인 다이애나와 빨간 머리 단벌옷에 주근깨가 도드라지고 볼품없이 빼빼 마른 고아 소녀 앤은 낮과 밤처럼 달랐지만 보자마자 둘도 없는 단짝이 되었다.

우정의 운명

✳

대체 둘은 어떻게 서로 바로 알아보았을까. 내게 이건 정말 반드시 풀고 싶은 수수께끼였다. 스핑크스의 두 번째 수수께끼처럼 원래 서로 하나였던 걸까. 스핑크스는 테베의 길목을 막고 행인에게 수수께끼를 내 맞히지 못한 자는 죽였다. 이 유명한 장면은 오이디푸스의 귀환 서사에 등장한다. 무역상들의 발길이 끊겨 테베가 점차 고립되던 터에 오이디프스는 스핑크스와의 대결에서 이겨 영웅적으로 귀환한다. 스핑크스가 낸 첫 번째 수수께끼는 아주 유명하다. "아침에는 발이 4개, 점심에는 발이 2개, 저녁에는 발이 3개인 것은?" 정답은 인간. 두 번째 수수께끼는 조금 덜 알려져 있다. "두 자매가 있다. 이들은 서로가 서로를 낳는다. 이들은 누구인가?" 정답은 낮과 밤이다. 그리스어로 낮과 밤은 모두 여성형 명사로, 낮의 여신 헤메라와 밤의 여신 닉스를

뜻한다. 이들은 표리일체의 존재로 세계의 서쪽 끝 지하에 함께 관을 쓰는데 낮과 밤이 바뀔 때 스쳐 지나갈 뿐 함께 있을 수 없는 운명이다. 빛과 어두움을 나누고 빛을 낮이라 칭하고 어두움을 밤이라 칭했다는 창세기에 따르면, 태초의 시작에 두 자매의 분리가 있었다고 볼 수도 있겠다.

앤과 다이애나도 이렇게 원래 하나였을까. 사랑에만 운명이 있는 것이 아니라 우정에도 운명이 있을까. 앤은 다이애나에게 거의 첫눈에 반한 사람처럼 굴고, 다이애나도 앤이 세계를 표현하는 방식에 감탄하면서 운명처럼 우정을 시작한다. 십 대 시절의 특별한 우정이란 대체로 "쟤랑 놀지마."라는 말을 듣게 마련 아닌가. 둘의 우정을 가장 방해하고 또한 가장 특별하게 만드는 건 다름 아닌 계급 차이다. 다이애나는 마을에서 가장 잘사는 집의 아름다운 첫째 딸로 백인 중산층이 원하는 여성상 그 자체인 인물이다. 다이애나의 모친은 앤이 실수로 주스인 줄 알고 과일주를 내놓아 다이애나를 술에 취하게 만들었다는 이유로 앤과의 교류를 금지시킨다. 과거 보육원에서 자란 앤의 경험은 다이애나를 불온하게 물들일지도 모를 위험한 골칫거리가 될 수 있으니까. 다이애나와의 우정은 앤이 자신의 결핍을 장점으로 승화시키고 난 다음에야 회복된다. 앤이 보육원에서 아이를 돌봤던 경험으로 다이애나의 동생 미니 메이를 구하면서 앤은 다이애나와의 우정을 비로소 '허락'받는다.

둘의 우정은 이미 주어진 길을 거부하는 모험 그 자체이기도 했다. 다이애나는 앤을 통해 부모가 미리 정해준 삶의 한계를 넘어갈 수 있었고, 앤은 다이애나를 통해 그린게이블즈의 실질적 시민권을 얻을 수 있었다. 둘은 서로에게 향하지만 속해 있지는 않다. 서로의 세계를 존중하지만 욕망하지는 않는다. 이 절묘한 길항작용의 균형이 깨지기 시작하는 순간은 둘 사이의 우정이 상호 인정과 욕망으로 재배치되고 난 이후다. 다이애나가 더 이상 진학을 생각하지 않으면서 자신의 선택에 대해 별다른 말을 하지 못할 때, 앤이 중산층 가정의 여성적 규범에 점점 더 어울리는 존재가 되어갈 때, 주변 가족의 인정 속에서 관계는 안정될 수 있을지 모르지만 둘 사이의 특별하고도 열렬했던 우정의 온도는 달라진다. 서로에 대해 더는 궁금해하지 않고 점점 공통의 화제가 떨어져 간다. 운명과도 같았던 우정은 이제 서로의 기억 속에만 남겨질 테고.

순수하게 좋은 점을 좋아하는 것

대학교 1학년 교양 수업 때의 일이다. 칠판에 '우정이란 무엇인가'를 적었던 선생님은 아리스토텔레스의 《니코마코스 윤리학》을 인용하며 "다른 모든 좋은 것을 가졌다고 해도 필로스philos가 없는 삶은 누구도 선택하지 않을 것"이라며 동기들끼리 잘 지내라고 했다. 그러더니 "특히 여학생들 말이야."라고 덧붙였는데, 그 사족의 뉘앙스는 분명 부정적이었다. 여자들 사이의 우정은 이렇게 종종 공개적으로 모욕당하곤 했다. 선생님뿐만 아니라 선배들도 종종 그런 말을 입에 올렸다. 동기끼리 잘 지내야 한다고, 나중에 남는 건 그래도 동기라고 강조하던 선배 중 누구 하나는 꼭 그런 말 뒤에 "근데, 남자와 여자 사이에는 친구란 없는 거야."라며 혀 꼬부라진 소리를 내곤 했다. 뭘 어쩌라는 걸까. 그러는 선배님의 동기 여자 선배 A는 왜 저 멀리 떨어져 앉아 있는 거죠, 라고 물어보고 싶은 걸 참으며 나는 언젠가는 여자의 우정에 대한 이 오래된 폄훼의 역사에 대해 글을 쓰겠다고 생각하곤 했다. 남자와 여자는 서로 동료나 친구가 될 수 없다는 말은 여성을 우정이라는 관계를 맺을 수 없는 동등한 인격을 가진 존재로 취급할 수 없다는 뜻과 다를 바 없거나 성애를 오직 이성애로만 상상하는 매우 편협한 사고방식이 아닌가.

《니코마코스 윤리학》에서는 친구들 사이의 우정을 필리아philia라고 하고, 친구를 필로스philos라고 한다. 아리스토텔레스가 제시한 "사랑할 만한 것phileton이 사랑받는다."라는 가정과 "친구

는 또 다른 자기^{allos autos}"라는 설명은 친구를 탁월한 인간의 자기
애가 확장된 형태로 인식하도록 했고, 그 결과 우정을 근대 시민
남성들 사이에서만 가능한 방식으로 특권화했다. 아리스토텔레
스는 인간 사이의 상호성이 동반된 관계에는 유용성, 쾌락, 탁월
함이라는 세 가지 형식이 있다고 한다. 유용성, 인간들은 서로
필요하기 때문에 관계를 맺는다. 쾌락, 인간들은 서로 함께 있는
것이 즐거워서 관계를 맺는다. 탁월함, 인간은 상대에게서 배울
것이 있다고 생각할 때 관계를 맺는다.

아리스토텔레스는 이 마지막 세 번째가 우정의 지고한 형
식이며, 오직 탁월한 남성들 간의 동등한 관계만이 상호성에 기
반한 우정을 가능하게 한다고 한 바 있다. 이 탁월성과 동등성을
동시에 만족시킬 방법은 종종 능력주의에 기반한 경쟁적 엘리
트주의로 상상되고 실현된다. 이는 심화되면 심화되었지 결코
줄어들지 않는다. 서울의 강남 일부 부유층에서는 자녀의 어린
시절 친구마저 스펙으로 준비해준다는 얘기가 있을 정도다. "너
재랑 놀지마."라는 기득권 기성세대의 말에 전혀 도전하지 않고
그것을 하나의 제도로서 승인하는 '그들만의 리그'를 만들고, 그
리그의 규칙을 독점하고, 그 안에서의 경쟁을 활성화하는 방식
속에서도 물론 우정은 피어나겠으나, 이런 우정이 위기 상황에
서도 제자리를 지킬리는 없다. 아니, 이런 것이 우정일 리가 있나.

신분제가 살아 있고, 여성이 인간 이하로 취급받던 고대 그리스식 우정 말고 근대적 의미에서의 우정이란, 우리의 출신과 무관하게 존재 그 자체의 동등성으로 타인을 만날 수 있어야 한다는 데서 출발한다. 그러므로 나는 아리스토텔레스의 우정에 대한 설명 중, 탁월함보다는 순수하고 '상호적'이며 서로가 친구라는 걸 인지하고 있어야 한다는 내용에 밑줄을 그었다.

서로 유익하되 그것이 우정의 조건이 되면 안 되고, 동등하되 집단의 무리로서 소속하는 것 이상의 배타적 특별함이 있는 것. 무엇보다 순수하게 '상대의 좋은 점을 좋아해주는 것'. 그것이 빨간 머리 앤과 검은 머리 다이애나가 나눈 우정이었다. 탁월한 이들끼리의 확장된 자기애라거나 '친구는 또 다른 자기'라는 부분에서는 오히려 앤과 길버트의 관계가 떠올랐다. 앤은 다이애나와의 관계에서 훨씬 덜 경쟁적이고 호혜적이지만, 길버트와는 내내 경쟁하고 비교한다. 성별에 따라 달랐다기보다는 우정의 형태가 달랐다. 그래서 길버트가 앤과 더 이상 경쟁하지 않고 양보한 것은 사랑의 표현이기도 했지만 그동안 내내 쌓아 올린 특유의 우정을 일방적으로 끝내는 일이기도 했다. 성인이 된 앤은 대학에 가서 내내 길버트와의 우정을 유지하고자 애쓰지만 결국 실패한다. 길버트의 상사병이 끝내 둘을 연인으로서 이어주지만 이후에 둘의 관계는 그저 남편과 부인으로서의 역할에 충실한 모습일 뿐, 더 이상 친구처럼 보이지 않는다.

동맹으로서의 우정에 대하여

✳

우정이란 다른 어떤 관계보다도 동등함에 대한 지고한 이상을 가진다. 그러므로 만약 내 친구가 이 세계에서 '그릇된 삶'을 살고 있다는 이유로 존재가 삭제된다면, 나는 내 세계를 지키기 위해서라도 그러한 차별을 묵과할 수 없다. 주디스 버틀러가 말했듯 삶 자체를 차별적으로 가치화하는 그 구조들을 비판하지 않고는 나는 나 자신의 삶을 긍정할 수가 없다.[1] 이것이 서로에게 연루된 삶, 동맹으로서의 우정에 대한 이야기일 것이다.

미국의 흑인 페미니스트 사상가이자 가수인 버니스 존슨 리건은 로빈 모건이 주장한 "자매애는 힘이 세다."라는 식의 보편적 자매애는 여성성에 대한 또다른 신화일 뿐이라고 일축한다. 여성이라면 누구나 겪는 어떤 공통적 경험이 있을 것이라는 전제는 여성이라는 정체성을 특정한 경험 그 자체로 귀속시킨다. 임신 출산을 경험해봐야 진짜 여자가 된다는 식의 말이나 여성이라면 누구나 성폭력의 공포를 느낀다는 말은 여성을 특정한 몸의 한 부분으로, 피해자로서만 호명한다는 점에서 문제일 뿐만 아니라 여성들 간의 차이를 지워버린다. 우리는 서로 닮았거나 같기 때문이 아니라, 서로 이렇게 다르지만 동등하게 다르다는 걸 알고 있는 전제에서 우정을 맺는다. 공통성이 아니라 차이에 기반해서 우정을 다시 정의하려면 리건의 주장대로 동맹과 연대라는 개념이 우정 안에 강력히 뿌리내려려야 한다.[2]

1908년 발표된 루시 모드 몽고메리의 원작 소설이 그림 같은 백인 중산층 가정에서 모범적인 소녀로 자란 다이애나와 고아원 출신으로 집안의 노동력을 위해 입양된 앤 사이의 우정 이야기에 중심을 두었다면, 2017년에 넷플릭스에서 제작한 〈빨간 머리 앤〉 시리즈는 그 초점을 다른 곳으로 이동하고 확장한다. 또래들과 다른 자신 때문에 무리에서 겉도는 퀴어 소년 콜과 '인디언'이라며 차별받는 선주민 족장의 딸인 카켓과의 우정을 다룬 에피소드들이 그것이다. 퀴어 소년 콜과 고아원 출신의 하층계급 소녀 앤이 중산층 가정성이 만들어낸 주류 질서의 바깥에서 서로를 알아보고 손을 잡는 것은 어찌 보면 필연적이다. 앤이 콜의 응원과 다이애나의 고모할머니 조세핀의 도움으로 자신의 혈연가족의 뿌리를 찾아가는 에피소드는 혈연가족으로만 협소하게 국한된 가족공동체가 유사 친족관계인 퀴어 가족을 통해 더 많은 연결점을 찾아내는 대안 가족 서사를 펼쳐보인다.

선주민 소녀 카켓과의 만남 역시 특별하다. 마을 사람들은 먼저 살고 있던 선주민을 인디언이라고 부르며 야만인 취급하지만 누구보다 이방인 취급에 익숙했던 앤은 족장의 딸 카쿼과 친구가 된다. 하지만 카쿼은 정부에 의해 기숙학교로 강제로 보내진다. 이 장면은 19세기 말 캐나다 정부가 동화정책이라는 이름으로 시행했던 인디언 대량 학살의 역사와 결부되어 있는데, 이 정책으로 15만 명의 어린이가 납치되었고, 그중 최소 수천 명이 사실상 방치되어 사망한 것으로 알려졌다. 그러니, 넷플릭스 초기에 가장 유명한 시리즈였던 〈빨간 머리 앤〉이 갑작스럽게 시즌 3으로 종료를 알렸을 때 전 세계의 팬들이 믿을 수 없어 한 것도 당연하다. 카쿼이 앤에게 지어준 인디언식 이름은 멜카타우라문, '강하고 용감한 마음'이라는 뜻이었다. 강하고 용감하며 친구를 쉽게 저버리지 않는 앤이라면 '인디언 원주민 기숙학교'라는 기만적인 이름으로 불렸던 감옥으로 카쿼이 납치된 상황에서 가만히 있었을 리가 없다. 앤은 무엇보다도 우정의 인간이므로.

3

거부당한
정체성의
여정

〈윤희에게〉

이미 이십 년 전에 윤희와 쥰은
서로에 대한 사랑을 확인하고 공표했다.
하지만 그 사랑은 부인되고 좌절되었다.
이 영화는 동성애자라는 정체성이
단지 동성을 사랑하는 데 있는 게 아니라,
그 정체성으로 살아가는 과정 전반에 걸친
연속적인 문제라는 점을 잘 드러낸다.

너에게 난, 나에게 넌

✳

영화 〈윤희에게〉를 봤을 때 고등학교 시절 한일학생교류회를 했던 기억이 떠올랐다. 일본의 고등학생과 친선 교류라니 그게 대체 어떤 건지 조금도 상상이 안 갔다. 당시 나는 반일 감정이 아주 강했는데 막상 내 또래의 구체적인 개인을 만날 생각을 하니까 뭐가 하나도 맞지 않고 어딘가 다 어긋난 것만 같았다. 이런 지경이었으니 또래의 동성을 붙여놓는다고 해서 사랑은커녕 우정을 나눌 수 있을 리 만무했다. 지금 생각해보면 무심하고 무례하기 짝이 없는 이야기들이 교류회 전에 나왔다. '일본인들은 어쩌고'로 시작하는 이야기들. 그 이야기의 대상이 될 수 있는 사람에 대해서는 조금도 생각하지 않고 나왔던 말들. 그 말들에 내가 적극 참여했던가 거리를 뒀던가는 잘 기억나지 않는다. 말리지 않았던 건 확실하다. 뭔가 이거 소화가 잘 안되는 일이라고 생각하고 꿀꺽 삼켰던 것도 같다. 차이에 대해 존중하면서 이야기하는 방법을 배운 건 한참 뒤였으니, 어쩌면 이 모든 말을 내가 한 다음에 기억에서 지워버렸는지도 모른다.

다만 이런 장면은 기억에 남는다. 우리는 교류회 때 서로 교환할 작은 선물을 준비하고 뽑기로 했다. 그때 내가 뽑은 선물은 종이와 작은 종이 연결된 풍경이었다. 바람이 불면 예쁜 소리가 났다. 그 선물을 준비한 건 유키라는 이름의 아이였는데 그 아이는 풍경에 쓰인 글자가 무엇인지 미리 준비한 한국어로 설명해줬다. 그제야 나는 일본어를 조금이라도 알아둘 걸 하고 후회했다. 옳고 그름보다 중요한 건 어쩌면 예의와 정성 아닐까. 나 왜 이렇게 성의가 없었지. 얼굴이 화끈거렸던 기억이 난다. 그렇게 내가 조금 무너지고 나서야 앞에 있는 사람의 표정이 눈에 들어왔다. 이렇게 비대한 자의식이 줄어야 타인이 들어올 자리가 생기기도 하지만, 누군가를 좋아해 봐야 내가 누구인지 알게 되기도 했다.

당시에는 뭐라고 이름 붙일 수 없는 감정들이 불시에 나타났다가 사라지곤 했다. 암호 같은 감정이 둥둥 떠다녔다. 그중에서도 좋아하는 감정을 다루는 건 난제 중 난제였다. 진심으로 좋아한다는 건 뭐고, 사랑은 또 그중에서도 뭐가 다르지. 얼굴을 보고 좋아하면 왜 가벼운 마음이라고 취급받고, 태도나 성격을 보고 좋아하면 그렇지 않다는 건지, 상대에 대해 뭘 안다고 좋아한다고 할 수 있는지 하나같이 모르는 것투성이였다. 그러다 갑자기 벼락처럼 깨달았다. 상대를 '알기' 때문에 좋아하는 게 아니라 오히려 좋아한 다음에 내가 어떤 사람인지, 무엇을 좋아하는 사람인지 나 스스로에 대해 알게 된다는 걸.

사랑만으로는 충분치 않다

✳

    퀴어 로맨스 영화가 나올 때 흔히 등장하는 비평적 클리셰가 있다. "사랑에 빠진 두 사람이 우연히 동성이었을 뿐"이라는 설명. 비평가뿐만 아니라 감독이나 배우도 종종 이렇게 인터뷰를 하는데, 마치 보이지 않는 반동성애 혐오 세력의 감시라도 받는 것처럼 잔뜩 눈치를 보거나 동성애를 이성애와 다르지 않을 때만 인정할 수 있다는 식이라서, 그런 말은 좋게 말해도 지루한 다원주의자의 태도이고 나쁘게 말하면 선량한 차별주의자인 거라고 참견하고 싶어지곤 했다.

    우연히 동성일 뿐이라니. 이성애 로맨스 각본이 얼마나 철

저하게 가부장제의 정치경제적 이해에 맞춤하게 제공되는지 생각해보면 이게 얼마나 얼토당토않은 말인지 알 수 있다. 이성애 로맨스 각본은 여주인공과 남주인공의 차이를 강조하고 그 차이를 극복하는 사랑의 위대함이라는 메시지의 변주로 이루어져 있다고 해도 과언이 아니다. 이러한 차이는 통상적으로 남주인공에게는 재력과 권력을 몰아주고, 여주인공에게는 미모와 다정한 성격을 부여해 로맨스라는 경기에서 승부를 보는 것으로 나타난다. 최근에는 이 각본이 뒤집히는 때도 있으나 기껏해야 나이 차이 정도로 변주될 뿐 남주인공이 아무런 능력이나 배경 없이 오직 성격과 외모만으로 사랑을 쟁취하는 경우는 없거나 매우 드물다. 제도로서의 이성애 안에서 사랑은 예외적인 지위를 차지하며, 그 사랑 역시 당대의 사회규범이 허용하는 선에서 관리된다.

예컨대 예전에는 이혼녀와 총각이 로맨틱 코미디 장르에서 적합한 상대가 안 되었다면 지금은 가능한 식. 격정 멜로의 경우에는 규칙이 좀 더 느슨해지지만 이런 경우에 주인공들은 반드시 자신이 가진 것 중 가치 있는 것을 재화든 명예든 권력이든 내려놓아야 한다. 성차별적 젠더 체제는 이성애를 자연화함으로써 지탱한다. 이때 로맨스의 역할은 성과 사랑의 정치경제학을 뒤로하고, 우연과 운명으로 이루어진 소위 낭만적 사랑의 각본을 믿게 하는 것이다. 대부분의 이성애 커플은 소위 급을 맞춘 동질혼 관계로 이어진다. 제도로서의 이성애 안에서 사랑은 필수가 아니라 예외적인 일이기 때문에 재현될 만한 가치를 지닌다. 따라서 어떤 경우에도 '우연히 상대가 동성이었을 뿐'이라는 가정은 성립될 수 없다. 동성애가 금기인 이유는 단지 낯설기 때문이 아니라, 이성애가 규범으로 존재하고 제도로서 강제되기 때문이다. 그러므로 사랑하는 상대가 동성일 때, 이것은 언제나 끌림의 문제를 넘어서 세계관의 문제가 된다.

사랑 이후의 시간

✳

〈윤희에게〉는 이십 년 동안 상대를 잊지 못했던 사십 대 여자 두 명이 다시 자기 마음의 소리를 따라가 서로를 만나게 되는 중년 퀴어 여성 로맨스 영화다. 나는 이 영화에서 특히 두 가지가 흥미로웠다. 결말에서 둘이 마침내 사랑을 확인해서 함께 있기로 한 것이 아닌데도 불구하고 완벽한 해피엔딩이었다는 것. 두 사람의 만남 그 자체보다는 두 사람을 마침내 만나게 해주는 두 조력자 역할이 매우 강조되었다는 점이 그랬다. 이 영화의 관심은 두 사람의 사랑 그 자체보다는 두 사람이 자신이 동성을 사랑하는 사람, 즉 동성애자라는 걸 스스로 받아들이는 데 있다. 그러므로 조력자의 존재가 중요하게 부각될 수밖에 없다. 이미 이십 년 전에 윤희와 준은 서로에 대한 사랑을 확인하고 공표했다. 하지만 그 사랑은 부인되고 좌절되었다. 이 영화는 동성애자라는 정체성이 단지 동성을 사랑하는 데 있는 게 아니라, 그 정체성으로 살아가는 과정 전반에 걸친 연속적인 문제라는 점을 잘 드러낸다.

정체성의 형성이 인생 과정의 일부인 것처럼 성 정체성도 마찬가지다. 베벌리 버치에 따르면 성적 지향은 생물학적 기질, 생활사의 국면, 역사적 풍조, 의학적 규정과 집단의 규범, 사람과 사건들의 영향과 반응에 따라 정해지고 또 변화한다. 윤희와 준은 이십 년 전 서로에 대한 감정을 깨닫는 동시에 자신이 어떤 사람인지를 알게 되었을 것이다. 그러니 둘은 얼마나 두려웠을 것이며 그럼에도 얼마나 용감했던 걸까. 하지만 그 모든 용기에도 불구하고 그들을 받아들여 주는 사람이 아무도 없었을 때 그 용기는 얼마나 무용한 것이 되어버리는 것일까.

영화에서는 윤희의 보이스오버가 이렇게 흘러나온다. "부모님은 너를 사랑한다고 말하는 내가 병에 걸린 거라고 생각했고, 나는 억지로 정신병원에 다녀야 했으니까. 나는 오빠가 소개해주는 남자를 만나 일찍 결혼했어. 나도 너처럼 도망쳤던 거야.

모르는 사람의 축하를 받으며 이곳을 떠난 네가 행복할 수 있기를 간절히 바랐어." 이십 년 동안 꾹꾹 눌러 담았을 이 몇 줄의 문장 안에는 윤희의 지난 세월이 고스란히 들어 있다. 윤희는 원가족family of origin과의 관계에서 피해자였고, 남편과의 관계에서는 스스로 가해자였다고 생각한다. 사는 게 의미가 없다고 생각하는 것도 무리는 아니다. 공장 식당에서 일하는 윤희는 그곳에서도 사람들을 종종 서운하게 한다. 그렇게 말라비틀어진 표정으로, 이게 자신이 할 수 있는 최대치의 인내라는 듯이 윤희는 그냥 그렇게 산다. 윤희의 부모와 오빠는 윤희를 걱정한다는 명목으로 원치 않는 규범적 삶을 강요했고, 윤희는 살아남기 위해 제도 안으로 들어갔지만, 이것이 자신이 원치 않는 삶이었다는 것까지는 잊지 않는다.

같은 시간 동안 준은 자신을 보호하기 위해 더 이상 드러내지 않는 삶을 선택한다. 아버지를 따라 스무 살에 다시 일본으로 돌아간 준은 아버지의 무관심 덕분에 특별히 결혼을 강요받지는 않지만, 어머니가 한국인이라는 것조차 말할 수 없는 사회에서 자신을 최대한 드러내지 않기로 한다. 자신과 같은 부류라는 것을 한눈에 알아본 료코가 자신에게 다가오려고 하자 준은 이렇게 선을 긋는다. "저, 여태까지 저희 엄마가 한국인인 걸 숨기고 살았어요. 저한테 이로울 게 하나도 없으니까. 말하자면 자기 자신을 숨기고 살았던 거예요. 혹시 여태까지 숨기고 살아온 게 있다면, 앞으로도 계속 숨기고 살아요. 그러는 게 료코상을 위해 좋아요. 제가 무슨 말 하는지 알아요?"

부쳐진 편지와 연착륙하는 감정들

✳

준이 윤희에게 쓴 편지는 준의 고모 마사코의 손에서 우체통으로 들어가고, 윤희의 딸 새봄은 우편함에서 그 편지를 발견한다. 부치지 '못한' 편지는 사실 부치지 '않은' 편지이므로 편지가 부쳐진 것 자체가 사건이 된다. 부치지 못했던 편지가 우체통으로 들어가면서 영화는 시작된다. 편지 모티브가 흔히 그렇듯, 부치지 않은 편지는 평탄하게 수신자의 손에 바로 들어가지 않는다. 여기까지는 어쩌면 익숙한 얘기다. 잘못 배달되거나 끝내 도착하지 않는 편지는 오해와 갈등을 낳고 인연을 어긋나게 하거나 다른 인연으로 이어준다. 오타루가 배경인 또 다른 영화 〈러브레터〉에서처럼.

하지만 〈윤희에게〉에서 배달 사고는 사고가 아니다. 마사코와 새봄은 각각 준과 윤희가 시간을 뛰어넘고 공간적 제약을 건너 서로 만날 수 있도록 등을 밀어주는 사람으로 나온다. 편지가 이들의 손에 먼저 들어갔기 때문에 둘 사이에 가파르게 올라갔다가 갑자기 끝나버린 관계는 남은 감정을 바탕으로 연착륙할 수 있는 활주로를 얻는다.

새봄과 마사코는 둘 다 귀여운 장난기가 있고, 많은 것에 관심과 애정을 주어도 소진되지 않는 샘물 같은 성품을 지녔다. 이런 여자들이 있다. 기를 빨아가지 않고 애정을 주는 이들. 이제는 민폐가 되어 사라져가는 오지랖을 무해하게 장착한 이들. 이들의 존재가 또 다른 중년 여성이 등장하는 퀴어 영화 〈캐롤〉과의 가장 큰 차이점이다. 영화 〈캐롤〉이 테레즈와 캐롤이 서로에게 반해 다가가는 시간을 그리고 있다면 〈윤희에게〉는 후일담으로 시작해 새로운 설렘을 기대하는 시간을 담는다. 새봄과 마사코는 윤희와 쥰을 갈라놓은 혈연가족의 세계에 속해 있는 사람이지만, 그 세계의 질서 바깥에 비껴서 있다. 한국 가족에서 이런 인물들은 대체로 알 수 없는 과거를 숨긴 채 집안의 근심이나 미스터리로 남아 있는 '삼촌'들이었지만, 이 영화에서 삼촌은 사진관에 교회에서 받아온 달력을 걸어놓고 여동생 윤희가 혹시나 또 무슨 일을 저지르는 건 아닌지 하고 감시하면서도 자신은 가족의 의무를 다한다고 믿고 있는 유사 가부장을 체현한 인물로 나올 뿐이다.

새봄과 마사코는 가족 안의 일원으로 있지만 어떠한 역할도 부여받지 않아 자유로운 위치에 있다. 특히 새봄의 캐릭터가 놀랍다. 새봄은 쥰의 편지를 먼저 읽고 나서 아버지와 삼촌을 찾아가 엄마가 어떤 사람인지 묻는다. 엄마가 이십 년 전에 사랑한 사람은 여자였고 이후에도 엄마는 여전히 바뀌지 않았을지도 모른다. 새봄은 엄마가 더 외로워 보여 자기가 남았다고 생각했는데 그게 아니라 바로 자신이 엄마의 짐이었을지도 모른다는 생각이 들어 큰소리로 서운함을 토로한 다음, 엄마가 아마 이십 년 전에 가장 필요로 했을 사람이 되어준다.

자기 자신을 소외시키지 않는 삶

윤희의 남편은 왜 엄마와 헤어졌냐고 묻는 딸에게 "너희 엄마는 사람을 좀 외롭게 한다."라고 말한다. 하지만 그는 왜 윤희가 그렇게 외로워하는지에 대해서는 관심이 없다. 새봄은 엄마가 왜 그렇게 사람을 외롭게 하는지가 궁금하다. 윤희는 모든 것에 순응하지만 아무것도 잊지 않은 사람처럼 산다. 윤희는 여분의 삶이 벌 같다고 생각하며 자신분만 아니라 주변도 외롭게 만드는 사람이다. 하지만 안 그랬던 적이 분명히 있다. 쥰에게 보내는 편지에 윤희는 이렇게 쓴다. "너와 만났던 시절에 나는 진정한 행복감을 느꼈어. 그렇게 충만했던 시절은 또 오지 못할 거야."

준은 수의사로 지내며 비혼의 삶을 살지만 누구와도 연애하지 않는다. 이 정도면 됐다는 듯이. 무관심한 아버지와 거의 연락을 주고받지 않고 살았는 데도 아버지의 죽음은 준이 스스로에게 부과한 제한을 의식하는 사건이 된다. "잘 지내니? 오랫동안 이렇게 묻고 싶었어. 너는 나를 잊었을 수도 있겠지? 벌써 이십 년이 지났으니까. 갑자기 너한테 내 소식을 전하고 싶었나 봐. 살다 보면 그럴 때가 있지 않니? 뭐든 더 이상 참을 수 없어질 때가."

참고 있을 뿐 둘 다 잊지 않았지만, 둘은 여자를 사랑하는 자신을 더 탐색해보지는 않는다. 자신의 마음이 활짝 펼쳐졌을 때 가장 가까운 가족에게 강력하게 거부당한 후 이들이 선택한 것은 적응이 아니라 포기였다. 그리고 바로 그 점이 가장 비극적이었기 때문에, 이 영화는 둘이 다시 삶에 활력을 찾은 모습만으로 충분히 해피엔딩이 될 수 있었다. 준은 이제 료코에게 다르게 말할까. 윤희는 누구도 마음에 들이지 않겠다는 고집을 꺾고 사람들과 눈을 마주치게 될까. 여분의 삶이 벌서는 것 같다고 생각하는 사람과 숨을 수 있을 만큼 숨어 보라는 사람은 삼촌과 남편과 아버지가 사라진 세계에서 새봄과 마사코라는 여자 가족과 함께 여자를 사랑하는 자신을 더는 스스로 소외시키지 않고 살

게 되었을까. 아마도 그럴 것이다. 사랑은 구원은 아니지만 희망
은 될 수 있으니까. 사랑이 끝내 하는 일이 있다면, 바로 그 순간
만은 나 자신으로 살게 하는 것일 테니까.

4

너에게만은
부끄럽고
싶지 않은
마음

〈하루만 네가 되고 싶어〉

로판의 독자들이 원하는 것은 로맨스의 완성이 아니라
여주인공이 문제 해결을 주도해나가고
원래 가진 능력을 제대로 발현하는 것,
즉 성장과 인정이다.
"로맨스가 판타지라는 것쯤은 알고 있어.
하지만 꿈을 꾸는 것이 나쁜 건 아니잖아?
어차피 원래 내가 원했던 건 그냥 생존 그 자체였다고."

몸이 바뀐 두 여자

✳

로맨틱 코미디 장르에서 바디 스왑body swap, 즉 몸 바꾸기는
보통 여자 주인공과 남자 주인공 사이에서 일어난다. 아침에 눈
을 뜨고 화장실에 갔다가 자신의 몸을 보고 소리를 지르는 장면
은 이 장르의 대표적 클리셰. 몸 바꾸기는 서로에 대한 연결성과
의존도를 높이기 위한 장치다. 이 장치를 통해 주인공들은 억지
로라도 상대에게 협조해야만 자신의 일상을 지킬 수 있는 상황
에 놓인다. 나를 지키기 위해 타인에게 의존해야만 하는 설정은
꽤나 흥미로운 변주를 만들어낸다. 몸이 바뀐 상황 덕분에 원래
의 자신이었으면 할 수 없는 일이 해결되는 것도 바디 스왑 장르
에서 반복되는 문법이다. 몸 바꾸기는 두 사람이 커플이 되고 관

계가 확립되면 종료된다.

　그런데 여자와 남자가 아니라 동성 간에 몸이 바뀌었다면 어떨까. 동일 세대 내에서 두 여자의 몸이 바뀐다면, 보통 이것은 상호 워너비의 세계를 구현한다. 미국의 드라마 시리즈 〈드롭 데드 디바〉에서는 갑작스러운 교통사고로 죽은 24살의 모델 뎁이 31살의 뚱뚱하고 머리 좋은 변호사 제인으로 환생하는 설정이 나온다. 오직 몸으로만 가치를 평가받던 뎁이 제인의 머리를 사용하면서 느끼는 쾌감, 몸에 대한 자존감이 낮았던 제인이 사이즈에 구애받지 않고 패션을 즐기면서 자신감을 찾아가는 모습이 이 드라마의 매력인데, 이 드라마가 가장 지루해지는 순간은 다름 아닌 로맨스가 등장할 때다. 로맨틱 코미디인데 로맨스가 재미 없다니. 여자와 여자의 몸이 바뀐다는 설정만으로도 장르의 규칙이 근본부터 흔들린다는 이야기가 되겠다. 이런 상황에서 주인공의 이성애 로맨스는 독자들에게 이 이야기를 따라오게 하는, 바닥에 떨어진 헨젤과 그레텔을 꾀는 과자 같은 기능을 할 뿐이다.

　로맨스 장르의 독자층은 대부분 여자인데, 이 독자들은 장르의 문법에도 익숙하지만 그만큼이나 열렬하게 장르의 문법이 깨지는 것을 환영하기 때문에 독자들을 제대로 설득해내기만 한다면, 장르 내에서 공유된 서사 장치의 관습을 깨는 일은 어렵지 않다. 다만 독자의 손을 잡고 장르의 관습을 넘어 다른 이야기로 데려가는 데 성공하기란 그렇게 쉽지 않다. 그런 점에서 〈하루만 네가 되고 싶어〉는 흥미로운 작품이다. 로맨스 판타지(이하 로판)의 클리셰를 모두 부숴버리겠다고 작정이라도 했나 싶었을 정도랄까.

한번 읽어보라는 추천을 받고 침대에 누워서 몇 편을 읽다가 응? 하고 자리에서 일어났다. 몸 바꾸기와 진짜 주인공 찾기가 동시에 일어나면 그다음은 어떻게 되는 거지? 이야기는 순수한 금발의 여주인공과 흑발의 여주인공이 귀족가의 영애로 나와 황태자비 자리를 경쟁하는 구도로 시작한다. 아마 사실 알고 보면 순수해 보이는 금발이 악녀라는 설정이겠거니 하고 읽고 있었는데, 여기에다 몸 바꾸기라는 장치를 쓰다니? 이렇게 되면 상대에게 위해를 끼칠 수도 없고 나를 찾을 수도 없지 않나. 이어질 이야기가 궁금해서 계속 읽다가 밤을 새워버렸다. '젠장, 연재 중이라고 왜 말 안 해줬어.' 라고 추천해준 사람을 원망하며.

페미니즘 대중화 시대의 로맨스 판타지

✴

로판은 최근 몇 년 동안 매우 빠르게 성장한 대중 서사 장르

중 하나다. 대중 서사란 대중의 기대 지평이 서사 매체를 통해 산업적 요구와 만나 호흡하는 과정에서 형성된, 일련의 서사 유형으로 이야기에 빠르게 진입할 수 있도록 특유의 양식화된 약호, 관습 및 스타일의 체계를 가지고 있다. 예술성보다는 대중성에, 개연성 있는 전개보다는 캐릭터성에 기댄 가독성에 의존하며, 출퇴근이나 등하교 시간 동안 잠깐 즐길 수 있는 콘텐츠라고 해서 스낵 컬처라고 불리기도 한다. 대중 서사 장르의 경우, 장르 내 서사 장치의 특징이 만들어지고 이것이 독자들에게 서사 규범으로 효과적으로 수용되면 그 이후에는 '양산형' 콘텐츠가 가능해진다. 이렇게 되면 몇몇 작품이 빛을 보는 정도가 아니라 장르 자체가 하나의 산업이 된다.

로판이 대중 서사 플랫폼에서 독자적인 범주가 될 정도로 성장한 건 2015년 이후다. 2015년에 웹 소설 플랫폼 '조아라'에서 제1회 로맨스 판타지 공모전을 개최했는데 그 이후 로맨스 판타지는 독자적인 장르로서 안착한다. 하나의 장르가 이렇게 빠른 속도로 성장하는 경우는 본 적이 없다. 이 장르의 계보와 특성은 아직 안착하지 않았지만 한 가지만은 분명하다. '여성향'이라는 것, 즉 여자 독자들의 욕구가 최우선이라는 점이다. 로맨스라는 장르는 대표적인 여성향 장르다. 하지만 여성향 장르라고 해서 당대 여성들이 겪고 있는 성차별의 현실에 특히 민감하거나 여성에 대한 폭력에 적극적으로 저항하지는 않는다. 오히려 현실의 어려움을 해결해줄 구원자로서의 남성에 대한 낭만적 기대를 부풀리는 방식으로 현실로부터의 도피처 역할을 해온 것에 가깝다. 오죽하면 미국의 페미니스트 작가 록산 게이가 자신이 로맨스 소설의 애독자라는 걸 거의 양심 고백에 가깝게 실토했을까.

하지만 거의 유일한 '여성향' 장르이기 때문에 로맨스 장르 내의 서사 규범이 어떻게 바뀌는지, 그 규칙과 변주를 시계열로 그리고 작품별로 해석하면 당대 여성들의 욕망이 어떻게 흐르고 있는지에 대한 단초를 얻을 수 있다. 로판이라는 장르가 흥했던 시기와 페미니즘이 대중화되었던 시기는 공교롭게도 일치한다. 로판이 기존의 로맨스 장르에서 고여 있던 가부장적이고 남성 중심적인 서사 규범을 뛰어넘을 수 있는 서사 장치들을 적극적으로 수용하면서 발전하기 시작하기 시작한 것은 페미니즘의 대중화와 무관하지 않을 것이다.

로맨스가 판타지가 된 시대

그동안 여성향 대중 장르는 개연성이 부족하고 감정이 과잉되었다는 평가를 받았다. '신파성'이나 '감정의 과잉'은 그 자체로 여성적인 특질로 이해되며, 바로 그 점이 진지한 비평의 대상이 될 수 없는 저질의 문화 콘텐츠라는 취급 말이다. 하지만 로맨스 기반 여성향 장르의 가장 중요한 관습적 준거 틀은 대중 서사 장르 연구자 박유희의 지적대로 감정의 과잉 그 자체가 아니라 '여성 관객이라는 목표'와 '극적인 장치를 통한 감정의 유발'에 성공하는지 여부에 있다.[1] 감정의 과잉을 만나게 해주는 독서 체험은 매우 드물다.

2010년 이후 로맨스 장르의 하위 범주로 로판이 확장될 수 있었던 건 기존 로맨스 장르의 서사 장치들이 더 이상 여성 독자들의 감정을 건드리지 못했기 때문이다. 로맨스 장르의 여성 독자들은 남주인공과 여주인공 사이의 신분 차이를 통해 설렘을 만들어내는 구도를 지겨워하기 시작했다. 자본주의가 힘이 세질수록 사람들은 알게 되었다. 재벌가의 자제와 결혼한 빈곤한 집 딸의 앞길에 꽃길에 펼쳐질 리 없다는 걸. 자본의 힘이 강력해지고 계층 이동의 가능성이 매우 낮아지면 질수록 사랑의 힘으로 신분 차이를 극복할 수 있다는 전제는 설득력을 얻기 어렵다. 계층 간에는 만남조차 어려워지거나, 만난다고 해도 행복을 꿈꾸기에는 문화적 배경 차이가 너무 커졌으니까.

그래서 2010년 이후 한국 멜로드라마 장르는 아예 동질 집단 내의 로맨스를 다루거나, 이질성을 극복하기 위해 회귀, 빙의, 환생, 이(異) 종족을 통해 동질 집단에 침투할 수 있는 능력을 부여받는 등 판타지 요소를 가미하는 식으로 바뀌었다. 신분 차이는 점차 극복할 수 없는 차이가 되고, 이성 간의 성애적 끌림은 만연한 성폭력과 디지털화된 세계에서 점점 더 고위험 행동이 되는 상황에서, 로판의 흥행은 지금 이 사회에서 로맨스는 그 자체로 판타지라는 점을 보여준다.

로판의 독자들이 여주인공에게 원하는 것은 로맨스의 완성이 아니라 여주인공이 문제 해결을 주도해나가고 원래 가진 능력을 제대로 발현하는 것, 즉 성장과 인정이다. 독자는 욕망한다. 회귀, 빙의, 환생 등의 설정을 통해 지위를 얻은 여주인공이 인생 2회 차의 지식으로 상황을 주도하고 해결해나가는 진짜 주인공이 되는 것을. 예컨대 한국에서 입시와 취업으로 스트레스를 받은 주인공이 교통사고를 당해 정신을 잃고 깨어나 보니, 평소 즐겨 읽던 로맨스 소설의 등장인물 중 하나였던 귀족가의 영애가 되어 있다는 식이다. 빙의, 회귀, 환생을 한 로판의 주인공들은 로맨스 장르의 관습을 비평하는 비평가의 위치에서 자신의 욕망을 최소화하기 때문에 공작부인이 되거나 황후가 되는 것 자체가 목표가 아니고, 성녀와 악녀의 이분법적 구분으로는 해석될 수 없는 작중 인물의 복잡성에 대한 이해 역시 높다. 로맨스가 판타지라는 것쯤은 알고 있어. 하지만 꿈을 꾸는 것이 나쁜 건 아니잖아? 어차피 원래 내가 원했던 건 그냥 생존 그 자체였다고. 이렇게 말하면서.

로맨스 판타지에서 여성 서사가 선호되는 이유

✳

〈하루만 네가 되고 싶어〉에서는 빙의, 회귀, 환생이라는 장치가 사용되지 않는다. 이 작품은 그보다는 좀 더 정통적인 소위 귀족 영애물처럼 보인다. 삼각관계의 서브 남주인공, 경쟁하는 여자 조연, 제대로 능력을 인정해주지 않는 아버지, 무책임하게 가문을 내팽개친 오빠도 나온다. 제시된 갈등 요소들은 그야말로 로판의 공식과도 같다. 신분이 높은 남주인공과의 성공적인 로맨스가 익숙한 장르적 공식이라면, 봉건적인 신분제도에서 여성이 할 수 있는 일은 매우 제한적이라는 조건을 여주인공이 어떻게 타개해 나갈 것인가가 이 작품의 관전 포인트일 거라고 생각하며 읽어나가던 참이었다.

로판의 여성 독자들은 기존 로맨스 공식의 반복이 아니라, 판타지 요소를 통해 설득력 있는 여성 서사가 펼쳐지기를 기대한다. 페미니즘 대중화 시대의 로판 여주인공은 남주인공에게 구원받기를 기다리지도, 알아주지 않아도 헌신과 희생을 도맡아 하는 여성적 미덕을 중시하지도 않는다. 기존의 여성향 로맨스 소설에서 꽉 닫힌 해피엔딩은 결혼과 임신이었다. 여주인공에게는 가부장제 사회와 이성애 제도에서 선호하는 조신하고 현숙한 성품과 아름다운 얼굴과 풍만한 몸매가 기본 설정값이다. 작품에 따라 약간의 변주가 있을 뿐. 남주인공은 재력, 권력, 능력, 체력 등 각종 힘으로 매력을 과시했다. 변화를 바란 독자들은 댓글을 점령했다. 여주인공이 지나치게 수동적이거나 남주인공이 지나치게 폭력적일 때 독자들은 분노했고, 로맨스 각본에서 적당히 포장되던 강압적 관계 등에 대해서는 특히나 높은 개연성을 요구하며, 남주인공이 여주인공 외의 여자 등장인물에게 불필요하게 잔혹한 것도 금기시되었다.

예컨대 로판의 여주인공들은 자신의 야망을 솔직하게 드러내면서도 악녀 취급을 당하지 않을 수 있는 세계를 스스로 만들어내고, 영지를 경영하고 가족에게 쓸모를 증명하며, 사람들을 구원하여, 여성에 허용되지 않은 영역에서 두각을 나타내 판타지 세계 속에서 여성 인권을 향상시키는 사람으로 그려진다. 하지만 그럼에도 불구하고 로맨스는 여전히 중요하고, 화려한 외모와 의상은 가장 중요한 볼거리이며, 여주인공의 신분은 귀족이나 왕족인 편이다. 정말 달라진 걸까, 아니면 기존 욕망을 정당화시키는 요소들만 늘어났을 뿐일까.

관습을 깨는 여성 서사

✳

〈하루만 네가 되고 싶어〉에서는 서로 경쟁하고 적대하던 두 여주인공의 몸이 바뀐다. 메데이아는 문무를 모두 갖춘 뛰어난 인재이지만 여자이기 때문에 작위를 계승하는 상속자가 되지 못한다. 이미 아버지를 도와 중요한 의사 결정에 참여해 능력을 보여줬지만 메데이아의 능력은 부친의 방해로 바깥에 드러나지 않는다. 메데이아의 부친은 메데이아가 가문의 계승자가 아니라 황태자비가 되길 바란다. 황태자비를 뽑는 경연에 참가한 메데이아는 뛰어난 지략을 발휘해 압도적인 승리를 거둔다. 하지만 황태자는 이를 무시하고 경합에 올랐던 다른 인물인 프시케의 손을 들어준다.

이럴 거면 애초에 경쟁을 시키지를 말든가. 여자들 사이의 경쟁은 종종 이런 식으로 능력의 증명이 아니라 권력자인 남자의 취향에 따라 승패가 갈라진다. 결국 모든 면에서 자기보다 못한 상대임에도 순수하고 맑은 영혼으로 황태자의 마음을 사로잡은 프시케가 황태자비의 자리에 오른다. 여기까지만 읽어도 앞으로 전개될 스토리는 충분히 짐작할 수 있다. 그런데 〈하루만 네가 되고 싶어〉는 예상 가능한 전개를 벗어난다. 로판의 외피를 쓰고 독자들을 잠시 눈속임한 다음, 그 모든 장치를 그대로 이용해서 장르의 문법을 파괴하고 새로운 '목소리'를 들려준다.

황태자비 경연이 끝난 후, 프시케는 자신을 속였다고 분노한 메데이아에게 이렇게 말한다. "저를 원망하시나요. 제가 전하를 배앗아서? 그렇지만 전하를 사랑하지 않으시잖아요. 왕녀님께선 전하의 자리만을 사랑할 뿐이잖아요." 착하고 순진해서 결혼은 사랑하는 사람과 해야만 한다고 믿는 여주인공다운 대사다. 메데이아는 의아하다는 듯 이렇게 답한다. "그럼, 나더러 널 따라 시시한 감정놀음이란 하란 말인가? 제국 제일의 자리를 두고?" 이런 대사는 결혼을 거래나 계약으로 생각하는 악녀에게 어울린다.

하지만 극적인 순간 몸이 바뀌어 프시케의 몸에 들어간 메데이아는 황태자인 이아로스와 약혼자 프시케 사이의 관계가 서로 존중하는 동등한 연인 사이가 아니라는 걸 알게 된다. 예컨대 프시케가 손에 들고 있던 책을 보고, 이아로스는 "좋은 책이지, 한데 그대가 읽기엔 과하지 않나."라고 말하는데 메데이아는 그 말에서 분명하게 '멸시'를 느낀다("이게 사랑하는 사람을 대하는 태도인가? 저 깔아보는 눈빛, 분명한 멸시다."). 한편, 소공작의 작위를 거부하고 가문을 떠난 오빠 페르온은 메데이아에게 묻는다. "메디, 넌 왜 내가 미워? 너는 집에서 지내다 혼인하면 도망칠 수 있잖아. 너라도 해방시키기 위해 이렇게 애쓰는데 왜 내가 미워?" 메데이아는 답한다. "내가 언제 결혼 같은 걸 하고 싶대? 사람들이 오라버니의 호적수가 없다며 찬양할 때, 나를 돌아보고 싶지는 않았어? 아버지가 내 검술을 숨기자고 했을 때, 왜 침묵했어? 메데이아의 의견은 다를 거라고, 한마디 할 수 있었잖아."

하루만 네가 되고 싶어

　페르온은 메데이아의 답을 완전히 이해하지 못하지만 메데이아와 자신이 다른 사람이라는 것만은 확실하게 깨닫는다. 똑같은 피를 타고 같은 집에서 같은 학대를 받고 자랐기에 같은 꿈을 꾸리라 착각했다. 자신은 늘 도망가고 싶었다. 그래서 당연히 메데이아도 그럴 줄 알았다. 그런데 메데이아는 가문의 수치까지도 모두 상속받고 순리대로 무너진 다음 다시 쌓고자 한다. 자신이 모든 책임을 지는 것이다. 한 번도 책임을 요구받은 적이 없는 '열외'의 삶을 그만두는 것이다. 애인도 부모도 알아듣지 못하는 이 소망을 유일하게 알아주는 것은 경쟁자인 프시케뿐이다.

프시케는 "설화 속 영웅은 시련을 밑거름 삼아 성장하지만, 어떤 시련은 사람을 꺾던걸."이라고 중얼거리며 자신의 무력함을 종종 비관하다가 메데이아의 영향을 받아 드디어 '무력해지고 싶지 않다'는 마음을 품게 된다. 둘은 서로 몸이 바뀐 상황에서 원하는 복수를 하고 나면 그것도 나쁘지 않을 거라고 생각하면서도, 그건 정말 도망치는 것 같다고 몇 번이나 생각을 고쳐먹는다. 하루만 네가 되고 싶다며 부러워했고, 실제로 그런 일이 벌어질 수 있는 세계관 안에 있는데도 불구하고, 메데이아와 프시케는 쌍방 복수가 쌍방 구원으로 이어지지 않는다는 걸 잘 알고 있다. 하지만 누군가와 꼭 바뀌어봐야만 한다면 그것은 서로여야 하지 않았을까.

이 점이 정말 감탄스러웠는데, 〈하루만 네가 되고 싶어〉의 작가는 몸 바꾸기와 진짜 주인공 찾기라는 로판 특유의 서사 장치를 이용해, 여성의 적은 여자라는 프레임 자체를 클리셰로 활용하면서 상호 구원을 결과가 아니라 과정으로 보여준다. 서로 흉내 내다가 프쉬케는 메데이아 아버지의 가정 폭력과 아동 학대에 분노하고, 메데이아는 프쉬케의 연인으로 나오는 이아로스의 기만을 눈치챈다. 자신이 직접 분노해야 하지만, 분노의 대상에 대한 애정 때문에 머뭇거리던 두 사람은 서로 뒤바뀐 처지에서의 상황을 확인한 다음에야 비로소 자신의 문제를 제대로 마주하고 자신의 손으로 직접 자신을 묶어둔 것들과 결별한다. 서로에게만은 부끄러워지고 싶지 않은 마음으로.

5

자매를
미워하기엔
인생이
너무 짧아

《작은 아씨들》

《작은 아씨들》을 좋아한다고 말하는 건 좀 부끄러웠다.
소녀를 숙녀로 만드는 데 목표가 있는
'소녀문학'의 전형 같아 보였달까.
가정소설이나 소녀문학 같은 분류 방식 자체가
부당한 방식으로 여성의 글을 밀어내는 말이며,
특히 당대에 상업적으로 성공한 여성 작가일수록
남성 비평가들이 부당한 라벨을 붙인다는 걸
알게 된 건 좀 더 나중이었다.

좋아하는 걸 좋아한다고 말하기

✳

　네 자매가 머리를 동그랗게 말아 늘어뜨리고 드레스를 차려입고 가족사진의 모범 답안처럼 앉아 있는 《작은 아씨들》의 표지. 여자아이들이 만화나 동화책으로 접하기에 거부감과 어색함이 전혀 없었지만 나는 왠지 이것을 좋아한다고 말하고 싶지 않았다. 안타깝게도 당대에 상업적으로 성공한 여성 작가일수록 남성 비평가들이 이런 부당한 라벨을 붙이곤 한다는 걸 알게 된 건 좀 더 나중이었다. 18세기 영국에서 스파 공동체^{spa} friendship를 만들어 서로 밀어주고 끌어주던 여성 지식인-예술가 공동체의 효시와 같았던 '블루스타킹' 클럽의 존재라든가, 19세기 미국 최초의 백만 부 소설인 《톰 아저씨의 오두막》을 지은 해리엇 비처 스토가 여성들의 공동체에 대한 구체적인 기획과 상상력을 펼쳤다는 것, 《작은 아씨들》의 루이자 메이 올컷이 여성 참정권 운동에 참여했고 여성의 자립과 여성 공동체에 지대한 관심이 있었다는 걸 알게 된 것도 훨씬 후였다.

다만 아무것도 모르던 시절에도 조를 좋아하지 않을 수는 없었다. 조 마치. 글쓰기와 달리기를 좋아하고, 연극 대본을 쓰며 자신이 원하는 역할을 스스로 결정하는 조. 특히나 조가 정신 없이 글을 쓸 때를 묘사하는 장면을 읽을 때는 같이 전속력으로 달리기하는 기분이었다. 실제로 루이자 메이 올컷은 글을 쓸 때 아주 맹렬했다고 한다. 여성 작가들의 글쓰기 방식과 습관에 대한 책 《예술하는 습관》을 쓴 메이슨 커리는 루이자를 집필광이라 불렀고, 이런 글쓰기 습관을 '폭필'이라고 표현했다.[1] 폭연도 폭음도 아니라 폭필이라니. 과연 《작은 아씨들》 400쪽을 두 달 만에 썼고, 글쓰기에 한참 불이 붙으면 식사도 거르고 잠을 잘 안 자면서도 달리기만은 꼬박꼬박했단다. 어쩐지, 조가 작품 속에서 그렇게 달리더라니.

언제나 논쟁 속에 있었던 책

✴

《작은 아씨들》은 발표 당시부터 대단한 인기를 끌었지만 진지한 비평의 대상이 되지는 않았다. 비평가들은 대체로 무시나 혹평으로 일관했고, 1970년대 이후가 되어서야 페미니스트 비평가들에 의해서 새롭게 해석되고 가치를 부여받았다. 하지만 페미니스트라고 해서 모두 이 작품을 지지했던 건 아니다. 여성의 소비 지향성과 허영심에 대한 다소 부당한 당대의 여성 혐오적 시선을 그대로 갖고 있다고 혹평을 하는 이도 있었고, 작품 속에 등장하는 아버지와 로리 등의 존재가 결국은 여성 자립 공동체로 보이는 등장인물들의 사회경제적 지위를 규정한다는 의미에서 여전히 가부장적 플롯을 벗어나지 못한다는 비평도 있었으며, 독보적인 캐릭터인 조마저도 이후에 결국은 선머슴 기질을 버리고 현숙한 성인 여성으로 자라는 '말괄량이 길들이기' 서사를 그대로 답습한다는 비판도 거셌다.

모두 귀 기울여 들을 만한 이야기지만, 작가는 출판사와 독자의 기대를 완전히 저버리기는 어려웠다. 실제로 당시 책을 읽은 이들은 매우 의아해했다고 한다. 아니 조와 로리가 정말 안 이어진다고? 그럼 조의 짝은 어디에 있나? 루이자는 당시 독자와 출판사가 원하는 바를 아주 정확하게 알고 있었다. "조는 문학 하는 독신 여성으로 남기고 싶었어. 하지만 수없이 많은 열광적인 젊은 아가씨들이 편지를 보내는 거야. 로리가 아니더라도 조를 누군가와는 반드시 결혼시켜 달라고 말이야. 이런 엄청난 요청을 거절하지 못하고 열심히 머리를 굴려서 조에게 재미있는 짝을 지어주었지. 분노의 병들이 내 머리 위로 날아들 것이라고 예상하지만, 앞으로 벌어질 일들이 은근히 기대되기도 해." 이렇듯 작가는 조에게 짝을 만들어준 게 '타협의 결과'임을 작품 속에서도 작품 바깥에서도 드러냄으로써 후대에 이 작품의 결론을 변주할 수 있는 일종의 체크 포인트를 남겨두었다.

그레타 거윅은 바로 이 점에 주목해서 2019년에 영화를 만들어낸다. 2019년의 조는 출판사가 마음대로 이야기를 바꿀 수 없도록 판권을 포기하지 않는다. ("판권은 내가 가질래요. 돈 때문에 내 여주인공을 결혼시켜야 한다면 그 대가는 받아야겠어요.") 영화 안에서 프리드리히와의 재회 장면은 장편소설 작가로 드디어 데뷔하는 조 마치가 작품 설명을 하는 것처럼 보일 수 있도록 정교하게 재배치된다. 2019년 판본의 영화가 시간 순서대로 흘러가지 않는 이유는 바로 이 배치를 위해서였을 것이다. 그레타 거윅은 또한 로리와 에이미라는 캐릭터를 원작자의 의도를 살려 복원하고, 원작과는 달리 조가 세우는 학교의 문호를 여학생에게도 개방한다. 이쯤 되면 감독이 《작은 아씨들》을 둘러싼 페미니스트 논쟁사를 아주 잘 알고 있지 않았나 싶다.

조와 에이미 그리고 로리

✳

1949년 머빈 르로이 감독이 만든 영화 〈작은 아씨들〉에는 이웃집의 수줍은 소년 로리가 온데간데없다. 원작 소설에서 가정교사와 학생 관계로 설정되었던 (나중에 메그의 남편이 된) 브룩과 로리는 무려 군대에서 만난 사이로 나오며, 이때의 로리는 마치 거의 남성 우월주의자처럼 군다. 최악은 로리가 조에게 한 청혼이 거절당하는 장면이다. 조가 난 너를 연인으로는 사랑할 수 없다고 하자, 로리는 조에게 넌 개망나니 같은 남편을 만나 고생만 하다가 죽을 거라고 저주를 퍼붓는다. 질리안 암스트롱이 그려낸 1994년의 로리는 이보다는 훨씬 더 나은 인물로 나온다. 하지만 기본적으로 여자들과 동성 친구처럼 지내는 작고 유약한 소년의 이미지는 아니었다. 2019년에 와서야 로리는 좀 더 철없고, 장난기 많고, 다소 나르키소스처럼 보이는 인물로, 원작 소설에 가장 가깝게 변한다. 조가 로리의 청혼을 거절한 이유는 조가 남성적이거나 로리가 여성적이어서가 아니라, '둘이 너무 똑같아서'다.

에이미는 《작은 아씨들》에서 조와 가장 많이 부딪히면서 함께 성장해가는 인물이다. 그전 작품들에서는 에이미가 조보다 한참 더 어리게 그려졌지만, 플로렌스 퓨가 분한 2019년의 에이미는 조와 크게 다를 바 없는 나이대의 소녀로 나온다. 원작과 이전 영화들에서 에이미가 다소 이기적이고 허영심이 많으며 매우 아름다운 철없는 막내의 모습으로 묘사된 것에 비해, 그레타 거윅의 영화에서 에이미는 자신이 욕망하는 것을 분명히 알고 이를 거침없이 표현하는 인물로 나온다. 에이미는 결혼은 경제적인 거래로 생각하는 걸 경멸하는 조에게 주눅이 들거나 눈치를 보는 것이 아니라, 아주 현실적으로 자신의 위치를 파악하고 미래를 도모하는 현실주의자로서의 면모를 드러낸다.

세속적인 욕망을 역겨워하는 이상주의자 로리가 메그에게 허영심을 발견했을 때 실망감을 표현하자 메그가 수치심을 느끼고 조에게 말하지 말라고 했던 것과는 달리, 에이미는 심지어 로리에게 잘 보이고 싶을 때조차도 자신의 욕망을 감추지 않는다. 자칫하면 한 남자를 사이에 둔 자매의 삼각관계라는 막장으로 흐를 법한 스토리가 될 수도 있었지만, 로리의 존재는 조와 에이미의 유대 관계를 깨트리지 않는다. "자매끼리 미워하기엔 인생이 너무 짧기 때문"일 수도 있고, 무엇보다 에이미가 정신을 매우 똑바로 차리고 있어서다.

여성 동성 사회성의 작동 원리

✳

남성들의 동성 사회성과 여성들의 동성 사회성은 어떻게 같고 무엇이 다를까. 동성 사회성^{homosociality}은 우정이나 사랑과 같은 개별적인 친밀한 관계의 구체적인 양상을 묘사하는 것이 아니라 관계 맺기의 전형화된 구조를 설명하기 위해 만들어진 개념이다. 이브 코소프스키 세즈윅은 '동성 사회적 욕망^{homo social desire}'에 대한 설명에서 라이벌 관계에 있는 남성들끼리의 유대감은 대상 여성에 대한 욕망보다 더 깊고 강하며, 이때 여성은 동등한 존재가 아니라 남성들의 (상호 모방과 경쟁과 같은 형태로 드러나는) 유대를 위한 매개자 역할을 한다고 분석한다. 소설과 영화 등에서 남자 한 명을 사이에 둔 여자들끼리의 경쟁 관계는 여자들 간의 관계성을 파괴하는 반면, 여자를 매개로 한 남자들끼리의 경쟁은 더 지속적인 유대 관계로 이어지는 경향이 있다.

하지만 《작은 아씨들》에는 그런 공식이 적용되지 않는다. 조와 에이미는 로리를 사이에 두고 있지만, 둘의 관계가 파괴되지도 않고 로리를 매개로 더 돈독한 관계가 만들어지지도 않는다. 여성 동성 사회적 욕망을 표출하고 구상하는 데 있어서 남자라는 존재는 그다지 결정적인 역할을 하지 않는다. 여성 간 유대가 만들어지는 플롯에 남자의 존재는 욕망의 대상이나 사라지는 매개자라기보단 존재감이 덜한 '조연'을 차지하는 경향이 있다. 《작은 아씨들》에서의 로리처럼 말이다.

여자들의 사회에서는 너무 남자를 좋아해도 싫어해도 다 문제가 된다. 여자들 간의 감정적 유대가 깊어지는 순간은 남자에 대해 이야기를 할 때가 아니다. 아니, 정확히 말하자면 남자에 대한 이야기를 할 때조차 사실은 이는 남자에 대한 이야기가 아니다. 조는 자기도 이제 사랑받는 게 중요하다며 마미에게 이렇게 말한다. "여자도 감정만이 아니라 생각과 영혼이 있고 외모만이 아니라 야심과 재능이 있어요. 여자에겐 사랑이 전부라는 말이 신물이 나요. 지긋지긋해요. 그런데 너무 외로워요." 마미의 답은 간단하다. 사랑받고 싶은 마음은 사랑하는 것과는 다르다고. 중요한 건 로리나 프리드리히가 아니라 여자의 삶에서 사랑은 어떤 위치여야 하는지 내용을 담은 이런 대화 자체다. 조와 에이미 역시 로리 얘기는 꺼내지도 않는다.

에이미는 조에게 요즘 글을 쓰는지 묻는다. "우리 인생 얘기야. 가족끼리 티격태격하고 웃고 하는 얘기를 누가 읽겠어? 중요할 것도 없는 얘기잖아." 조가 아이들이나 좋아할 법한 거라며 스스로 작품을 평가절하하면서 말을 이어가자 에이미는 이렇게 대답한다. "그런 글들을 안 쓰니까 안 중요해 보이는 거야. 계속 쓰지 않으면 중요한 얘기인지 아닌지 사람들이 어떻게 알겠어." 조는 새삼 감탄한다. "언제부터 이렇게 현명해졌는데?" 에이미의 대답은 이렇다. "항상 그랬어. 언제나 내 단점만을 찾아내서 몰랐을 뿐이지." 이 자매들은 이제 서로의 흑역사를 공유했던 유년 시절을 넘어가는 중이고, 이 시기가 지나면 관계는 또 많이 달라질 것이다. '여자들의 사회'에는 한번 해병대는 영원한 해병대 같은 공식은 없으니까.

6

이름을
기억할 것,
사랑할 것,
그리고 낙관할 것

《소녀 연예인 이보나》

"많은 여인들이 죽어갔으나 기록에 남지 못했다,
그들은 이름이 없었기에. 훗날 조선 시대의 전염병으로 인한
사망률을 조사했을 때 여성의 비율은 매우 낮았다.
조선은 여성이 살기에 참 좋았나 보구나,
처음 조선의 사망률을 조사하던 이들은 그런 말을 할 뻔했다 한다.
여성의 죽음은 기록이 되지 못했기 때문에
없는 것처럼 보였을 뿐인데. "
– 한정현, 〈우리의 소원은 과학 소년〉 중에서[1]

이름 없는 여성의 역사를 쓴다는 것

✳

이름 없는 사람들의 역사는 남아 있는 기록이 없기에 알기
어렵다. 그중에서도 특히 여성들은 더욱 이름을 남기기 어려웠
다. 가부장제의 규범 안에서 살아야 했기에 이름이 남지 않았거
나 규범을 어겼다고 천하게 취급되어 아예 이름이 없었던 사람
도 있었기 때문이다. 어찌어찌 몇 명이 목소리를 남기는 데 성공
했다고 해도, 이들이 어떻게 살을 맞대고 숨을 나누며 지냈는지,
어떻게 연결되고 무리 지어 살아갔는지는 알기 어렵다. 일상사
와 문화사가 약자의 역사를 기록하는 방법이기도 한 이유다.

그런데 혈연으로 이어진 서사는 그것이 아무리 모계의 역
사라고 해도 가부장적 가족제도라는 자장의 범위 안에 있게 마

련이다. 그 가족 바깥에 있는 사람들, 그러니까 사랑채나 다락 같은 곳에서 사실상 갇히고 잊힌 이들, 공부를 너무 많이 해서 영영 떠났거나 저 멀리 바다 건너갔다는 소식만 전해오는 이들, 추방되거나 감금된 이들은 어떻게 기록되고 기억될 수 있을까.

이름 없는 여자들은 어떻게 계보를 가질 수 있을까. 이름 없는 여성의 역사를 기록한다는 건 최초 혹은 뛰어난 여성들의 위인전을 쓰는 일이 아니다. 그런 방식의 서술은 결국 경기장의 룰을 바꾸지 않은 채 압도적인 재능이 있는 몇몇 여성들에게만 조명을 비출 뿐이다. 방법론 자체가 달라져야만 이질적이지만 분명히 존재했던 이들이 드러날 수 있고, 그 속에서 위대함도 다시 정의되고, 아름다움을 감각하는 방식도 다르게 찾아낼 수 있다. 그게 아니라면 점수판을 들고 있는 남자들 앞에서 선택받기 위해 경쟁해야 하는 상황을 벗어날 수가 없다.

버지니아 울프는 1928년 강연에서 이렇게 말했다. "여성은 여성에게 가혹합니다. 여성은 여성을 싫어하지요. 그런데 여러분은 이 단어가 지긋지긋하지 않나요? 단언컨대 나는 그렇습니다. 사실을 말하자면, 나는 여성이 좋을 때도 많습니다. 나는 관습에 얽매이지 않는 그들의 자유로움이 좋습니다. 나는 여성의 완벽함이 좋고 그들의 익명성이 좋습니다."[2] 여성에 대해 쓴다는 것은 '어떤' 여성의 '어떤' 부분에 대해 쓰고자 하냐는 질문에 답하는 과정이다. 익명의 여성인가, 이름이 이미 있는 여성인가. 관습과 규범과 어떤 관계를 맺고 있는 여성인가. 버지니아 울프는 여성도 걸작을 쓸 수 있을까요? 라는 불쾌한 질문에 이렇게 답한다. 걸작은 여러 해에 걸쳐 수많은 이들이 함께 생각한 결과고, 그 때문에 하나의 목소리 이면에 집단의 경험이 존재한다고.

대가 끊긴 이들의 족보

《소녀 연예인 이보나》에는 8편의 단편이 실려 있다. 이 소설들에 등장하는 인물들은 시대적 배경도 등장인물의 시점도 다르지만 같은 세계관 안에 있다. 그 세계관의 뼈대가 되는 작품이 표제작인 〈소녀 연예인 이보나〉다. 작가는 돌아가신 할머니 할아버지를 생각하며 1920년대를 공부했다고 한다. 혈연 가족에 대한 생애사를 중심으로 이야기를 풀어내는데, 혈연을 유전적 연결로 인식하지 않고 당대의 역사적 배경과 문화사에 초점을 맞추고, 인간관계가 겹치고 공간을 같이 점유하면서 생기는 관계 중 하나로 보는 점이 특별하다. 작가는 이름 없는 이들에게 이름을 지어 부르고, '당연'의 세계에서 물의를 일으켜온 인물들에게 관심을 가지고, 이들이 처해 있는 역사적이고 사회·문화적인 배경을 글 속의 맥락으로 끌어와 익명의 여성과 비남성들을 비혈연적인 방식으로 계보화한다.

　권번을 졸업하고 유학을 떠났다가 무당이 되어 돌아온 1대 만신 유순옥, 생물학적 남성으로 태어났으나 여자 옷을 끝까지 벗지 않고 죽임을 당한 2대 만신 희, 게이오 대학 유학 중에 다시 경성으로 돌아와 여성 국극 배우를 하던 주희, 어느 날 주희의 형제인 주혁의 아이라며 맡겨진 트랜스젠더 여성 제인. 1대 만신 유순옥으로 시작해 4대 제인으로 이어지는 계보는 혈연으로 연결되어 있지만, 아마도 구전으로 전해지는 공식적인 가족사에서는 지워졌을 인물들이다. 하지만 대가 끊긴 이들은 그들만의 방식으로 거미줄 같은 족보를 만들어낸다. 이들을 연결해주는 건 다름 아닌 이름이다. 이름을 지어주거나 스스로 이름을 지어 부르는 이들. 이름을 물고 태어나지 못했거나 잘못된 이름으로 불렸던 이들이다.

　주희는 배에서 만난 밀항 동무 해녀 이 씨에게 곰브로비치의 희곡 주인공인 '이보나'라는 이름을 지어준다. 이 씨는 태어나서 한 번도 이름을 가져본 적이 없었다.(《소녀 연예인 이보나》) 남편에게 학대당하던 안나의 어머니는 열한 살에 남편의 등에 칼을 꽂고 남편에게 함께 괴롭힘을 당하던 수동무들을 풀어주고 본인도 탈출한다. 경성으로 흘러들어 주점의 천기로 생계를 이어가던 안나의 어머니는 죽으면서 아이에게 이름을 지어 달라는 부탁을 한다. 아이는 자라 스스로 이름을 안나라고 짓는다.(《우리의 소원은 과학 소년》)

왜 이름이 이렇게 중요하냐면, 이름이 있어야 자기 인생의 주인공이 될 수 있기 때문이다. '재일 조선인 아들과 혼인할 거라면 국적은요?' 하고 묻는 어머니에게 남자는 '얘는 자기 글을 쓰는 사람'이라고 질문을 막는데, 그때 그의 어머니는 "이름을 가졌군요. 멋있어요."라고 깊게 고개를 끄덕인다.(《과학 하는 마음》)[3] 이름이 없는 자들, 이름의 의미를 아는 자들은 이름 없음의 의미를 깊이 안다. 그리고 그 감각으로 이렇게 서로를 이어나간다.

누가 정상이고 누가 비정상인가

✳

1대 만신 유순옥의 뒤를 이은 희가 유순옥이 가장 아끼던 옷을 입고 작두 위에 올라갔을 때, 유순옥은 "저 옷은 쟤가 나보다 낫다."라고 한마디 한 게 전부였다. 집안의 유일한 남자로 태어난 희의 결정에 유순옥은 별다른 말을 덧붙이지 않는다. 유순옥이 한창 활약하던 1920년대는 여자 배우의 남장도 남자 배우의 여장도 흔한 일이었고, 동성 간의 애달픈 사랑 이야기는 세

간의 큰 화제였다. 지금 알고 있던 것을 이전에도 알았더라면 무엇이 달라졌을까. 이전에는 알았던 것을 지금에는 모르게 된 이유가 무엇일까. 그것은 아마도 무엇이 정상이고 무엇이 비정상인지 아직 결정되기 전, 규범이 아직 규범이 되지 못하고 권력과 통제에 대한 선연한 욕망으로만 드러났던 시절이었기 때문은 아닐까.

주희가 해녀 이 씨에게 지어준 이름 '이보나'는 규범을 깬다기보단 규범을 전혀 욕망하지 않음으로써 규범 자체의 욕망이 무엇에 대한 욕망이었는지 그 실체를 드러내는 인물이다. 곰브로비치의 희곡에서 필리프 왕자는 왕실에 반항하기 위해 거리에서 웃지도 않고 말하지도 않는 이보나를 데려와 약혼한다. 그런데 왕도 왕비도 그리고 왕자까지도 모두 자신의 가학성과 권력욕 그리고 상대를 멸시하는 속된 마음을 들키게 하는 이보나를 견딜 수 없어 한다. "난 정상이야, 하지만 누군가 다른 사람이 비정상일 때는 나도 정상일 수 없어요."[4] 필리프 왕자의 이 말은 비정상이라고 낙인찍는 자들이 욕망하는 것이 자신의 정상성에 대한 불안이라는 점을 정확히 드러낸다.

이 소설집에는 '과학'이라는 이름이 제목으로도 여러 번 언급된다. 식민지 시절 일본은 과학을 제국주의 침략 전쟁의 도구이자, 서구의 문명을 빠르게 이식해올 수 있는 전능의 학문이라고 선전했다. 하지만 제중원 간호원으로 일하는 안나는 과학을 내세우는 이들을 미심쩍게 생각했다. 그도 그럴 것이 경성에서 과학 수사라는 건 한 명의 용의자를 잡기 위해 남장 여자, 여장 남자, 노동자, 여공 같은 이들에게 부랑자라는 딱지를 붙여 수십 명씩 가두는 일에 불과했기 때문이다. 정작 강간 살인범에게는 징역 6개월을 내리면서 말이다. 또한 성과학이라는 이름으로 딱지 붙이듯 쓰이는 변태 성욕이라는 말은 아내의 몸에 칼로 문신을 새기고 머리채를 잡아 기찻길로 미는 남성들에게나 붙여져야 마땅할 터인데도, 사회에 무해하고 서로에게 다정한 안나와 경준과 수성과 같은 사람에게 너무 쉽게 달라붙어 버렸다.(《우리의 소원은 과학 소년》)

대가 끊기고 씨를 말려도

✳

여성과 성소수자에 대한 혐오를 '정상'이라고 생각하는 사회에서는 페미니스트와 퀴어들을 향한 증오가 범죄자에 대한 분노보다 더 일상적으로 가시화된다. "남자들은 왜 서로를 자꾸 씨발년이라고 하는 걸까?", "그러니까. 씨발놈도 아니고, 씨발놈들이 아주."[5] 얼마 전 낙태죄 폐지 관련된 기사에 이런 댓글이 달린 것을 봤다. "페미들 비혼하고 낙태해서 대끊기게 해주세요. 씨를 말려야 해요." 그 댓글의 아래는 "퀴어들도요."라는 대댓글이 이어 달렸다. 대가 끊기는 것이 가장 큰 저주라고 생각했을 이 댓글러는 페미니스트와 퀴어가 어떻게 만들어지고 증식되는지 전혀 모르고 있는 것이 분명했다. 페미니스트와 퀴어는 실패로 점철된 수많은 싸움을 통해 만들어지며, 부적응자의 감각 속에서 태어난다. 그리고 그들은 역사를 기록하고 공유하고 문화를 함께 향유하면서 서로 연결되어 있다고 느낀다. 혈연가족이 주는 안정감이 오히려 더 큰 압력과 부담이었던 이들끼리 예측 불가능한 도형의 유사 친족을 만들어가면서 말이다.

여기 나오는 사랑 이야기들은 이가 빠지고 짝이 맞지 않게 모두 조금씩 어긋나 있는데, 그 점은 그다지 중요하지 않다. 그것이 바로 사랑이라는 것, 그것만이 중요하다. 빛의 레뷰revue 무대를 내려오는 다카라즈카 소녀 연예인들에게 사랑의 말을 건네는 어둠 속 소녀들의 숨길 수 없는 사랑처럼 말이다. 이것이야말로 타협 없는 사랑 이야기. 타협만 하지 않는다면 자격 없는 여자들과 이름 없는 여자들이 만든 이 공유지는 대가 끊길 일도 씨가 마를 일도 없다. 그러므로 (안나의 스승이 해준 말대로, 안나의 입버릇대로) '낙관'하자. 서로의 이름을 부르며 계보를 이어가자. 오늘의 사랑을 내일로 이어가기를.

7

이토록 다른
우리가
친구가
되기까지

〈청춘 시대〉

내 남자 친구를 뺏어갈 수도 있다고 불안해하거나
같은 부류로 취급당할까 봐 불쾌해하거나
나라면 저렇게 안 살 거라며 불쌍해하거나
서로 깔보는 감정들이 제대로 된 출처 없이 놓이곤 했다.
〈청춘 시대〉 주인공들의 우정 서사는
바로 이 익숙하고 오래된 여자들 사이의 적대에서 출발해
다른 경로로 전개된다.

남자에 대한 이야기를 멈출 때

✳

다섯 명의 이십 대 여성들이 셰어하우스에 함께 사는 이야기. 매우 전형적인 설정이었고 큰 기대는 없었지만 그래도 좋아하는 배우가 나오니까 관성적으로 틀어본 참이었다. 1, 2회를 연달아 보고 입을 딱 벌린 나는 의자를 바짝 당겨 앉았다. 드라마 〈청춘 시대〉 얘기다.

첫 회는 새로 하우스메이트가 된 유은재(박혜수)의 시점에서 시작한다. 서울 생활이 처음이고 오리엔테이션도 참가하지 못해 학교에 아는 사람이 하나도 없는 은재가 처음 만난 사람은 '정 여사' 예은(한승연)이다. 예은은 애인을 하우스메이트 몰래 셰어하우스에 데려온 걸 들킬까 봐 은재에게 친절하게 대하다

가 애인이 무사히 집 밖으로 나가자 바로 친절을 거두어 가버린다. 매일매일 아르바이트와 학업으로 눈코 뜰 새 없이 바쁜 '윤 선배' 진명(한예리)은 인사도 제대로 나누지 않고 포스트잇 쪽지로 은재에게 불을 끄고 다니라는 잔소리부터 한다. '강 언니' 이나(류화영)는 노크도 하지 않고 은재가 쓰고 있는 화장실로 그냥 밀고 들어오고 샤워 후 수건 하나만 두른 채 집 안을 돌아다닌다. 은재는 자신에게 불필요한 시간도 감정도 조금도 쓰지 않겠다고 작정한 듯이 행동하는 하우스메이트 사이에서 목구멍에 걸린 말을 하나도 뱉지 못한 채 숨 막혀간다. '쏭' 송지원(박은빈)이 와서야 상황이 조금 달라진다. 지원은 은재를 보자마자 맥주 캔을 건네며 환영 인사를 하고는 넉살 좋게 물어본다. "오빠 있어? 삼촌은?" 이 장면은 입으로만 쎈 척하며 "수컷과 섹스하고 싶어!"를 외치는 송지원의 캐릭터를 응축하는 동시에 이들이 서로 아직 친하지 않다는 걸 보여주는 장면이다.

여자들 사이의 관계성은 남자에 대한 이야기를 멈출 때에야 제대로 드러난다. 미국의 만화가 앨리슨 벡델이 1985년 만든 '벡델 테스트'에도 이같은 내용이 들어 있다. 테스트의 기준은 세 가지다. 이름을 가진 여자가 두 명 이상 나올 것, 이들이 서로 대화할 것, 이 대화 내용이 남자에 대한 얘기가 아닐 것. 벡델 테스트는 영화 내의 성 평등을 가늠하는 척도로 사용되지만, 여자 캐릭터를 얄팍하게 소비하고 있지는 않은지 여자 캐릭터들 간의 관계를 제대로 묘사하고 있는지를 알아내는 방법이기도 하다. 소위 상업 영화에서는 여성들이 딱 한 명 등장해서 눈요기가 되거나, 여러 명 등장해서 남자 주인공의 사기를 북돋우는 역할로만 여자 캐릭터를 소모한다. 남자를 사이에 두고 여자들이 싸우는 장면은 막상 현실에서 직접 경험한 적이 없는데도 굉장히 익숙하게 느껴진다. 영화와 드라마에서 아주 흔하게 나오기 때문이다. 버지니아 울프도 《자기만의 방》에서 이렇게 쓴 바 있다. "제인 오스틴의 시대까지 소설에 등장한 모든 위대한 여성들은 남성에 의해서만 그 존재가 드러날 뿐 아니라 남성과의 관계 속에서만 형태를 갖는다고 하니 참 이상했습니다. 남성과의 관계란 여성의 삶에서 극히 작은 한 부분인데 말입니다."라고.

〈청춘 시대〉의 핵심 서사는 원래 전혀 모르는 사이였던 다섯 명의 주인공이 어느새 친구가 되어가는 과정 그 자체에 있다. 이름을 가진 다섯 여자들은 앞으로 어떤 대화를 나누게 될까. 학교와 세대와 성별의 공통점은 생각보다 느슨하고 차이는 상상 이상으로 첨예하다. 이토록 다른 이들이 언제 어떻게 해서 친구가 되어갈까.

여자들 사이를 갈가리 찢어놓았던

✳

하우스메이트(이하 하메)와 친구가 되는 건 생각만큼 자주 일어나는 일은 아니다. 경험상 좋은 하메의 조건은 적당한 눈치와 친화력이 있는 것은 기본이고 각자의 활동 시간이 조금씩 달라야 한다. 그래야 공용 공간을 쓸 때 여유롭다. 이런 조건을 모두 갖추고 있다 해도 그것만으로 친구가 되지는 않는다.

극 중에서 이들이 진짜 친구가 되기 위해 넘어야 할 산의 이름은 다름 아닌 '창녀와 성녀의 이분법'이었다. 좀 놀랍기도 하지만 생각해보면 매우 중요한 설정이 아닐 수 없는데, '창녀'나 '걸레'라는 말은 늘 여자에게만 달라붙어 여자들의 관계를 갈가리 찢어놓는 힘을 발휘해오지 않았던가. 중학생 시절 지독한 소문에 시달렸던 친구 정아는 자기가 등장할 때마다 조용해지는 순간이 끔찍하게 싫었다고 했다. "눈으로는 나를 보면서 입을 가리고 옆 사람에게 귓속말을 하고 있는데 눈깔을 뽑든지 혀를 뽑든지 둘 중 하나는 내가 하고 만다. 그런 생각이 들더라고." 벌써 몇십 년 전의 얘기였는데도 술을 마실 때마다 감정의 격동이 나에게까지 고스란히 전해질 정도였다. 정아의 소문은 이상할 정도로 널리 퍼졌는데 정아와 함께 소문이 날 법도 한 상대 남자애들이 누군지에 대해서는 아무도 관심을 가지지 않았다. 아무리 센

척 해도 열네 살의 중학생이 감당할 수 있는 일은 아니었을 게다.

어떤 방식으로든 성과 관련된 경험은 아주 높은 빈도로 귓속말의 내용으로 유통되었고, 그런 소문의 당사자가 된 여자들과 그렇지 않은 여자들은 서로를 경멸하거나 무시했다. 아니, 정확히 말하자면 그렇게 해야만 할 것처럼 굴었다. 같은 부류로 취급당할까 봐 불쾌해하거나, 나라면 저렇게 안 살 거라며 불쌍해하거나 서로 깔보는 감정들이 그사이에 제대로 된 출처 없이 놓이곤 했다.

〈청춘 시대〉 주인공들의 우정 서사는 바로 이 익숙하고 오래된 여자들 사이의 적대에서 출발해 다른 경로로 전개된다. 예컨대 이런 식이다. 며칠 동안 집 앞에 꽃을 들고 온 남자가 기다리던 사람은 강이나였다. 택시에서 내린 이나는 남자를 보고 얼굴을 찌푸린다. "한 번만 더 이러면 진짜 경찰 부를 줄 알아?" 집 안에서 추이를 지켜보던 하메들은 그 소리를 듣고 우르르 나온다. 송지원이 외친다. "괜찮아?" 그때 남자가 말한다. "지금 이나 씨가 하고 있는 건 매춘입니다. 그 남자들 이나 씨 진정으로 사랑하고 있는 거 아니에요. 그 남자들 이나 씨 돈으로 사는 거예요. 이나 씨같이 아름다운 사람이 왜 그런 짓을 합니까? 이나 씨 소중한 사람입니다. 내가 도와줄게요. 이나 씨 과거가 어떤지 모르겠지만 내가 구해줄게요. 얼마든지 새로운 삶을 살 수 있어요." 남자는 '창녀'라는 공표를 통해 강이나가 고립될 것이라고 생각했을 것이다. 그는 대부분의 남자는 창녀를 경멸하거나 함부로 대하지만 자신은 강이나를 진심으로 사랑하므로 창녀였던 강이나를 자신이 구원해줄 수 있을 거라고 믿었다. 그렇게 그는 자신의 자아를 비대하게 팽창시켜 강이나가 자신에게 전혀 관심이 없다는 사실로부터 전력으로 도망쳐 끝끝내 자신의 세계관(나랑 안 만나주는 여자는 다 창녀!)을 모두에게 만천하에 드러낸다.

하메들을 비롯해 동네 사람들이 '매춘'이라는 표현에 놀라 눈썹이 올라갔다면, 정작 당사자인 이나는 잠깐 움찔했을 뿐 전혀 굴하지 않는다. 강이나를 열 받게 한 건 그 단어가 아니다. 자기가 구해준다니, 네까짓 게 뭐라고. 이나는 고래고래 소리를 지르며 스스로 몸을 판다고 만천하에 선언하며 아마도 그 남자가 의도했을 망신을 무력화해버린다. "야, 이 새끼야. 네가 뭔데 이래라 저래라야. 내가 내 몸 팔아 사는데 네가 왜 지랄이야." 조금도 기세가 꺾이지 않고 누가 뭐라든 내 맘대로 산다고 소리치던 이나의 목소리가 잦아들고 눈빛이 흔들린 건 종일 알바를 하고 돌아온 윤진명과 눈이 마주쳐서다. 남자는 이나의 정체를 하메들에게 알리는 기능적인 역할만을 하고 이후 누구에게도 관심받지 못한 채 극에서 완전히 사라진다. 카메라는 단호하게 남자와 동네 사람들에게서 관심을 끊고 이들의 감정과 관계 안으로 더 깊숙이 들어온다.

"창녀와 같이 살 순 없어"

✳

거실에는 지원, 예은, 은재가 앉아 있다. 지원이 말을 꺼낸
다. "매춘이라고 했지?" 예은이 얼른 말을 받는다. "응. 남자들
이 강언니를 돈으로 사는 거라고." 예은은 강력하게 자신의 의
견을 피력한다. "그럼, 집이 부자라는 것도 거짓말인가 봐. 집이
부잔데 왜 그런 짓을 해?" 진명이 보이지 않을 정도로 작게 한숨
쉬며 "남자들에게 용돈 받는 여자들 꽤 있어."라고 말하자 예은
은 "남자들이 공짜로 가방 사주고 용돈 주고 그래? 주고받는 거
지. 매춘이 뭐 별거야. 돈 받고 섹스하는 거 그게 창녀야." 지원
과 은재가 우물쭈물하자 예은은 계속해서 목소리를 높인다. "너
네 정말 관대하다. 아주 포용력이 넘쳐나. 언제부터 우리 사회가
이렇게 매춘에 관대했대? 강이나 창녀야. 몸 파는 여자. 그런 여
자랑 한집에서 사는 거야. 그게 괜찮아? 무슨 일이 생길지 어떻
게 알아? 남자가 쳐들어올지, 본부인이 쳐들어와 깽판을 놓을
지. 그리고 당장 니네 부모님이 알아봐. 가만있겠어?" 그래도 쉽
게 퇴출 결정을 내리지 못하는 하메들에게 예은은 재차 강조한

다. "중요한 건 거짓말했다는 거야." 아니다. 중요한 건 거짓말한 게 아니라 '창녀'라고 공표되었다는 데 있다. 거짓말한 게 정말 문제라면, 솔직하게 말하면 괜찮았을까? 그럴 리가 없다. 이때의 예은에게 중요한 것은 창녀라고 공표된 여자와 한집에서살게 된 자기 자신의 평판이었다.

정작 강이나가 신경 쓰는 건 대놓고 독한 소리를 하는 예은이 아니라 진명이다. 그래서 누가 자기를 어떻게 생각하는지 상관없다는 태도로 사는 이나가 진명에게 "윤 선배는 내가 싫지?"라고 물을 때 시청자들은 이 질문이 당신에게만은 미움받고 싶지 않다는 이나의 고백이라는 걸 안다. 진명은 이나에게 되묻는다. "그러는 넌? 넌 내가 왜 싫은 거냐? 넌 내가 싫은 기냐. 내 가난이 싫은 거냐." 이나와 진명에게 서로의 삶은 자신의 초라함과 약점과 욕망을 남김없이 비추는 거울이다. 이나는 지칠 때까지 아르바이트를 하며 취업 준비를 하는 진명을 볼 때마다 어쩔 수 없었다는 자신의 선택이 단지 변명이 되는 것 같아 마음이 불편하다. 진명은 직장 상사가 정규직과 미래를 보장하며 스폰 제의를 해왔을 때 자신의 마음속에서 퍼지던 파동을 다시 짚어보며 이나에게 있었을 수많은 유혹에 대해 다시 생각한다. 언제든지 여성의 몸을 환금성 높은 자원으로 교환 가능하도록 만든, 여성의 성을 착취하는 데 이골이 난 한국 사회를 살아가는 젊은 여성들은 성녀와 창녀의 이분법으로 여성의 가치가 나눠지는 것이 아니라, 권력과 돈이 있는 남자에 의해 여성의 가치가 결정되는 것이 문제라는 것을 정확하게 알고 있다.

그런데 누가 창녀지?

✳

"창녀와 같이 살 순 없다."라고 예은은 소리쳤지만, 과연 누가 창녀지? 아니 정확히 말하자면 누가 창녀가 안될 수 있지? 드라마는 에둘러가지 않고 본격적으로 이 문제를 파고 들어간다. 남자 사람 애인의 학벌 콤플렉스를 감히 자극했다는 이유로 바닥에 내팽겨쳐진 예은은 드디어 자존감 도둑이자 본인 스스로 인정한 '나쁜 남자' 고두영과 헤어지기로 결심한다. 예은은 분노한다. "만날 때마다 섹스, 섹스 내가 지 전용 창녀야?" 그리고 예은은 클럽에 가서 만난 남자들과 술을 마시며 원나잇을 하려고 한다. 같은 업계 친구에게 이 소식을 전해 들은 이나는 예은이 걱정되어 클럽에 간다. 그때 이나가 예은에게 하는 말(이게 공짜 술인 줄 알아? 애네들이 미쳤다고 술 사주는 줄 알아?)은, 예은이 이나에 대해 비난하며 하메들에게 했던 말과 완벽히 똑같다. 그깟 원나잇 나도 할 수 있다고 호기를 부리는 예은에게 이나는 충고한다. "이건 문란의 문제가 아니라 인터넷에 네 동영상이 떠도는 문제야." 예은이 하룻밤 상대로 마음먹은 남자와 그와 함께 있는 일군의 무리는 알고 보니 약물 강간과 불법 촬영으로 입건되었다가 유야무야 풀려난 적이 있는 상습적인 성범죄자들이다. 놀랄 만큼 현실적인 설정이 아닐 수 없다. 그런 충고에도 예은은 "뭔 상관이야. 이미 다 망가졌는데."라며 고집을 부린다. 이나는 "넌 기스도 안 났어, 이년아."라고 응수한다.

　　원나잇과 같은 캐쥬얼 섹스는 현대사회에서 더 이상 제도적으로도 문화적으로도 금기가 아닌 것처럼 간주되지만 여성들은 여전히 사적인 제재를 받고 종종 그 대가는 참혹하기까지 하다. 이런 사회에서 창녀와 성녀의 이분법은 나도 모르게 창녀가 될지 모른다는 여자들의 불안을 동력으로 삼아 여자들 사이를 갈라놓으면서 작동한다. 이 이분법에 균열이 일어나는 순간은 정해진 자리에 대해 질문할 때다. 예은과 진명은 사람들이 정해준 분류에 의문을 품고 자신이 이나와 정말 다른 곳에 있는지 스스로 곱씹고 되묻는다. 그리고 타인의 기준에 의해 갈기갈기 찢어진 틈을 조금씩 메워가며 함께 시간을 보낸다. 소문이 소문으로 끝나지 않고 공표하고 직면하며 서로 섞이고 머리채를 잡다가도, 위험에 처하면 기꺼이 달려나가 서로를 구해주는 시간들 말이다. 당장 내가 완전히 납득할 수 없어도 기다려주고, 작

은 변화가 큰 도약임을 알아봐 주며, 결핍으로 비워진 자리만큼
을 다르게 채워가며 그렇게 이들은 친구가 되어간다.

8

외롭지
않냐고?
고양이와
살면 되지!

〈고양이를 부탁해〉

개봉 당시 영화사가 내건 홍보 문구는
"스무 살, 섹스 말고도 궁금한 건 많다"였다.
맞다. 이 영화에 섹스에 관한 이야기는 나오지 않는다.
여자들 사이의 풋풋하고 낭만적인
우정에 대한 영화도 아니다.
이 영화가 가장 공들여 담아내고 있는 건 다름 아니라
'일하는 여성'으로서의 삶이다.

인천에서 제일 좋은 여상을 졸업했지만

✳

영화 〈고양이를 부탁해〉는 IMF 구제금융 위기 이후 여자상
업고등학교를 졸업한 스무 살 여성 다섯 명의 이야기를 담고 있
다. 개봉 당시 영화사가 내건 홍보 문구는 "스무 살, 섹스 말고도
궁금한 건 많다"였다. 맞다. 이 영화에는 섹스에 관한 이야기는
전혀 나오지 않는다. 그렇다고 여자들 사이의 풋풋하고 낭만적
인 우정에 대한 영화도 아니다. 이 영화가 가장 공들여 담아내는
건 다름 아니라 '일하는 여성'으로서의 삶이다.

영화의 시대적 배경은 IMF 직후. 시작은 환하기 그지없다.
교복을 입은 다섯 명의 고등학생은 인천 앞바다 부두에서 바닥
에 놓인 밧줄을 향해 달려가 고무줄놀이를 하며 소리 높여 깔깔

웃는다. 영화는 소녀들의 행복한 한때를 보여주는 것 같은 따뜻한 포스터와 홍보 문구를 보고 들어온 관객들이 기대했을 법한 딱 그런 장면으로 시작한 다음, "자 됐지?"라고 말하는 듯 이후 다시는 어디서 본 듯한 익숙한 장면으로 돌아가지 않는다.

태희(배두나)는 한곳에 머무르지 않고 계속 돌아다니고 싶은 사람이고 혜주(이요원)는 강 앞에 그림 같은 전원주택을 짓고 살고 싶은 사람이다. 비류와 온조(이은실, 이은주)는 서로에게 온전히 속해 있어 결핍이 없는 존재로 나오고, 지영(옥지영)은 가고 싶은 곳도 갈 데도 없는 인물이다. 고등학교를 졸업하자마자 사회에 내던져진 다섯 소녀들은 각자의 방식으로 삶을 이어나간다.

〈고양이를 부탁해〉는 여고 동창회에 온 중년 여성들이 과거를 추억하는 방식과는 아주 다른 방식으로 이야기의 타래를 풀어간다. 고등학교를 졸업한 지 일 년 후, 다섯의 현재는 이렇다. 태희는 졸업하고 아버지의 찜질방에서 무급으로 일하고 있고, 혜주는 '빽'으로 증권사에 들어갔다. 지영은 회사가 부도가 나 일자리를 잃고 식당에서 일하고 있고, 비류와 온조는 인천 차이나타운 인근에서 액세서리를 만들어 판다. 태희는 친구들과 한 달에 한 번은 만나야 한다며 부지런히 약속을 잡지만 이들은 각자 짊어진 짐을 가누기도 벅찬 상태가 되었고, 학창 시절에 가장 친했던 혜주와 지영은 만날 때마다 싸운다. 혜주는 "내 이십 평생에 가장 큰 실수가 뭔지 알아? 여상 간 거. 인천에서 제일 좋은 여상 나오면 뭐하니. 누가 알아주지도 않는 거. 후회는 안 해. 정신 차리고 살 수 있게 해줬다고 생각해. 사람들은 잠시라도 허점을 보이면 바로 무시해버린다고. 항상 긴장하고 살아야 하는 거야. 잠시라도 방심하면 꽝이야 꽝." 이렇게 큰소리치지만 증권사에서 고졸 신입 여자 사원의 위치는 초라하기 짝이 없다. 영어도 곧잘 하고 졸업 성적도 좋은 혜주는 노력만 하면 자신 역시 능력을 발휘할 기회가 올 거라 생각하지만 선망하는 팀장(문정희)은 "평생 잔심부름이나 하는 저부가가치 인생을 살 거냐."라면서 야간대학이라도 다니라고 충고한다.

지영의 처지는 더욱 참담하다. 할머니 할아버지와 함께 사는 집이 점점 무너져내리는 와중에 회사까지 부도가 나서 그동안 일한 월급도 받지 못한 상태다. 회사에서는 공장 기계들 처분하는 대로 월급 밀린 걸 보내주겠다고 했지만 기약은 없다. 새로 구직을 하러 간 곳에서 면접관은 이렇게 묻는다. "100미터는 몇 초에 뛰어? 낮술은 좀 하나? 고등학교 때 성적은 꽤 좋은 편인데, 자격증은 여기 적힌 게 다야? 컴퓨터는 잘해? 운전은 할 줄 알아? 그럼 영업부는 안 되겠고 경리밖에 할 게 없는데, 서류에 보니까 부모님이 모두 돌아가신 걸로 되어 있네? 경리 일을 보려면 신원보증을 해줄 직계가족이 필요한데……" 취직은 글렀다고 생각한 지영은 집에 돌아와 머리를 노랗게 염색한다.

IMF 시대 여성 청년들의 곤궁

✴

인천에서 제일 좋은 여상을 우수한 성적으로 졸업했는데도 취직하기 어렵다니. 구제금융 위기 이전에는 '명문 여상'이라는 개념이 있었고 집안 형편이 넉넉하지 않거나, 대학에 뜻이 없는 사람은 상업고등학교를 졸업해서 즉시 취업하는 것도 나쁘지 않은 선택지였다. 취업 하나만 보고 갈만한 선택이었다.

나는 2003년 첫 대학 강의를 은행의 고졸 여성 직원들을 대상으로 하는 야간대학에서 시작했는데, 당시 은행과 산학 협력을 맺은 대학은 강사에게 직접 은행으로 가서 수업을 하라고 했다. 매주 화요일 밤 7시에 은행의 교육장으로 가서 마감을 하고 저녁 식사를 하고 온 학생들을 기다렸다. 아마도 대학 졸업장을 따기 위해 늦깎이 공부를 하는 고학생이겠거니 생각했던 인식은 첫날부터 완전히 깨졌다. 이들은 모두 수십 년을 근무해온 은행의 핵심 인력이었고 상당히 높은 임금을 받는 정규직이었다. 구제금융 위기 이후에 도입된 노동 유연화 제도들에 대한 수업을 한 날이었다. 한 학생(?)이 이런 말을 했다. "그러니까 고졸로 바로 입사해서 은행에서 20년쯤 근무하면 연봉이 팔천쯤은 되는데, 이제 그런 세상은 다시는 오지 않는다는 얘기네요." 이십대 초반의 초임 강사였던 나는 그때 일 년에 천만 원이나 벌었을까. 갑자기 정신이 확 들었다. 구제금융 위기 이후에 이런 사다리가 완전히 사라진 거구나 하는 실감이 났다.

수업을 듣고 있는 학생들은 은행의 1, 2단계 구조 개혁에서 살아남은 생존자들이었다. 당시 정리 해고된 다음에 다시 돌아와 비정규직으로 기존의 업무를 똑같이 하고 있는 K 언니 얘기가 수업 중에 종종 언급되었는데, 십수 년 경력의 숙련 노동자였지만 비정규직이 되자마자 월급은 절반으로 깎였고, 평생소원이 대학 졸업장을 따는 거였는데 이번 사내 대학 학점은행 프로그램도 대상자가 아니어서 제외되었다고 했다. IMF 이후 이전에는 없었던 방식의 노동자 간의 구별이 생겨났고, 바로 눈앞에서 노동자들끼리 서로 보이지 않는 차별을 실행하기 시작한 시기였다.

한 문화 평론가는 IMF 시대에도 여성들은 사모님 몇 분을 제외하면 끄떡없었고 여성은 항상 위기였고 빈곤했으므로 구제금융 위기 역시 새삼스러울 것이 없다고 했는데 얼토당토않은 얘기다. 1997년 구제금융 위기 직후 노동 동향을 살펴보면 가장 직격탄을 맞은 건 다름 아닌 젊은 여성들이었다. 1998년 일사분기 경제활동인구는 전년 대비 평균 1퍼센트 감소했는데, 성별을 보면 여자는 4.1퍼센트 감소했고 남자는 오히려 1퍼센트 증가했다. 1998년 2월 근로자파견법이 통과되었는데 당시 파견이 허용된 27개 업무 중 20개 업무가 여성 비중이 압도적으로 높은 분야였다. 은행 보험 증권업계의 경우에도 여성 우선 해고가 공공연하게 이루어져 노동청에서 특별 대책이 나올 정도였다. 정리 해고 대상자도 여성이 우선이었다. 구제금융 위기에 대응하기 위해 은행을 시작으로 대대적인 구조 조정이 이루어지는데, 1997년 말에 33개였던 은행은 2000년에 11개로 정리된다. 3년 만에 3분의 1이 일자리를 잃은 것이다.

여성 청년들은 비정규직과 실업이라는 이중의 타격을 받았다. 1999년 즈음에 경기는 차츰 회복했지만 한 번 내려간 청년 실업률은 다시 올라가지 않았고, 무급 가족 종사자 비율은 경제 위기 때마다 가파르게 올라갔다. 아버지의 찜질방에서 무급으로 일하면서 가족들에게 백수 취급을 받는 태희(배두나)가 바로 이 상황에 놓인 여성 청년이었다.

고양이를 부탁해, 우리가 떠날 수 있게

✳

막막한 현실 속, 이들에게 돌파구는 관계였다. 하층계급 여성들은 직계가족을 넘어서 조금 더 넓은 관계망에서 서로 필요한 정보를 공유한다. 미국학 연구자 주디스 스미스에 의하면, 직계가족에게만 관심을 쏟았던 전문직 계층과는 달리 가난한 노동계급 여성들은 친척이나 친구들 같은 더 큰 관계망에 의존했다. 그들은 함께 자녀를 키웠고, 직업을 찾았으며, 부부 관계에서는 충족되지 않는 동료애를 나눴다. 하루 벌어 하루 먹고 사는 사람들은 그런 인간관계가 반드시 필요했다.[1]

지영을 그렇게 살펴봐 주는 이들은 골목길에 함께 사는 동네 주민들이다. 지영네 집에 쓰레기봉투를 챙겨주고 식당 일자리도 알아봐 주는 이웃은 나중에 지영의 집이 끝내 무너졌을 때에도 곁을 지켜준다. 지영도 지키고 싶은 게 있다. 해고당하고 돌아오는 길에 늘 간식을 주던 아기 고양이 티티. 티티는 처음에는 혜주의 생일 파티에 선물로 건네졌지만 다음 날 혜주는 고양이를 키울 수 없다며 돌려준다. 지영은 무너져내리는 지붕 아래 집에서 갈 곳이 없어진 아기 고양이를 키우기로 한다. 그리고 할머니 할아버지는 결국 무너진 집 아래에 깔려서 돌아가신다.

지영은 빈소에 찾아온 태희에게 고양이를 부탁하고 경찰서에 가서 참고인 진술 조사 중에 입을 다물어버린다. 아마 형사가 한 이 말 때문이었을 것이다. "야, 노란 머리. 니 소원대로 귀찮은 노인네들 죽었으니까 속이 시원할 거 아냐." 노란 머리로 염

색하기 전 지영은 취직을 하려고 사방팔방 돌아다니면서도 무너지고 있는 천장 문제를 해결하기 위해 구청, 집주인 등에게 전화를 한다. 하지만 아무도 지영의 말에 귀를 기울여주지 않았다. 경찰서에서는 마치 조부모를 지영이 죽이기라도 한 양 다그친다. 지영은 아무도 자기 얘기를 들어주지 않는다는 걸 깨닫고 더 이상 아무 말도 하지 않는다. 구치소에 수감되었다는 지영의 소식을 듣고 태희가 찾아온다. "형사 아저씨가 그냥 형식적으로 조사하는 중이었는데 네가 말을 안 해서 상황이 더 나빠지고 있는 거 같아. 지영아, 나는 네가 도끼로 사람을 찍어 죽였다 해도 네 편이야. 다 이유가 있어서 그런 거라고 생각해. 나 너 믿어." 지영은 비로소 입을 연다. "나가도 갈 데도 없는데 뭐."

태희는 짐을 싼다. 옥스퍼드 영어 사전과 밧줄과 삶은 계란과 책과 신문지에 싼 현금. 그리고 친구들과 함께 서울의 두타에 쇼핑 갔을 때 산 맥가이버칼을 꺼내 가족사진에서 자신의 모습을 도려낸다. 비류와 온조에게 가서 티티를 부탁하고 구치소로 가 지영을 기다린다. 태희는 출소하는 지영에게 손을 내밀며 이렇게 말한다. "악수하자고. 티티는 비류와 온조한테 부탁했어. 걔들이라면 잘 키워줄 거야. 내가 졸업하고 일 년 동안 아빠한테 돈 한 푼도 못 받고 일했거든. 나 정도로 열심히 일하면 얼마인지 알아보고 딱 그 정도만 훔쳐가지고 나왔어.", "어디로 갈 건

데?", "가면서 생각하지 뭐. 혼자 다니는 거보다는 너랑 함께 다니는 게 더 좋을 거 같아서." 이렇게 태희와 지영은 티티를 비류와 온조에게 부탁하고, 한국에서의 탈출을 감행한다.

아무리 나대봐라 내가 결혼하나

✳

〈고양이를 부탁해〉의 결말이 헬조선 탈출이었다면 이십여 년이 지난 지금, 헬조선 탈출 역시 답이 아니다. 2017년 2월, 여성들이 서울 광화문 정부서울청사 앞에서 기자회견을 했다. 출산율 제고를 위한 대책으로 고소득 고학력 여성들에게 하향 결혼을 제안하는 한국보건사회연구원의 저출산 대책 보고서에 대한 항의였다. 불꽃페미액션 회원이라고 밝힌 이들은 여성을 가축으로 취급하는 정부를 규탄하며 낮은 출산율의 원인은 독박육아와 경력 단절 등 유자녀 기혼 여성이 겪는 성차별이라는 점을 분명히 했다.

여기까지는 익숙한 전개다. 그런데 현수막의 내용은 이랬다. "정부야, 아무리 나대봐라 내가 결혼하나 고양이랑 살지." 갑자기 고양이라니. 고양이는 이 집회의 성격을 완전히 다르게 만들었다. 기존의 규범을 가볍게 거절한 이들은 낡은 세상과 결별을 선언했다. 이들은 정부에게 무엇을 요구하려고 나온 게 아니라 이미 세상은 달라졌다고 말한 것이다. 결혼 제도 내의 성차별 문제가 고쳐지든 말든, 그 결혼 안 하면 그만이다. 외롭지 않느냐고? 고양이와 살면 되지. 작당 모의를 함께할 친구들과 함께.

9

잊지 않기를,
버텨내기를,
끝내 자유롭기를

〈미쓰백〉

나인뮤지스 출신 세라는 가영의 사연에 눈물을 쏟았다.
"우리가 느끼는 감정이 혼자가 아니고……
전 진짜 행복해요."
'당신과 함께 울 수 있어서 행복하다'라니.
하긴 나도 이 프로그램을 보면서 자주 울었다.
분통이 터지기도 하지만
같이 울 수 있는 게 무엇보다 좋다.

감정을 드러내면 안 돼, 그게 부정적이라면 더욱

✳

향년 39세의 최진실이 스스로 세상을 떠났다는 소식이 들렸던 날, 최진실 또래의 여성들이 가슴 통증을 호소하며 몇 시간이고 누워 울다 갔다는 이야기를 당시 다니던 한의원 원장님에게 들었던 기억이 있다. 설리와 구하라의 비보가 연이어 들렸을 때의 반응은 조금 달랐다. 내 주변의 20대들은 비슷한 말을 했다. 어릴 때부터 같이 자란 친구의 갑작스러운 소식에 머리가 텅 비어버린 것 같다고. 눈물조차 나지 않는다고. 어쩌면 슬픔 혹은 분노와 같은 감정을 다루는 것이 점점 어려워지는 것일지도 모르겠다고 생각했다. 걱정이었다. 단지 개별적인 사건이 아니라 아이돌 산업이 만들어내는 감정 구조의 문제라서 더욱 심각하다고 생각했다.

아이돌이 표출할 수 있는 감정 표현은 매우 제한되어 있다. 대중이 아이돌에게 원하는 감정 역시 매우 제한적이다. 우리는 아이돌에게, 특히 여자 아이돌에게 특정한 방식(귀엽거나 섹시하거나 발랄하거나 도발적이거나)으로만 반응하도록 세팅해놓은 상태다. 현역 아이돌이 거식증, 공황 장애, 불안 장애, 우울증, 강박 등을 고백하며 활동 중단을 해도 별다른 화제가 되지 않고 지나간다. 이 무심함 자체가 메시지가 된다. 대중의 관심을 갈망하는 이들은 자신의 감정을 적절한 방식으로 통제해야만 생존할 수 있다는 것을 바로 이 무반응을 통해 배운다.

여성에게는 감정에 대한 성별화된 규범 체계가 요구하는 바가 더 구체적인 반면 해소 방식은 아예 부재하다. 정신 건강을 유지하기가 구조적으로 매우 어려운 상황이다. 감정은 보통 여성화된 영역으로 취급되고 그중에서도 크거나 부정적인 감정은 여성에게 허용되지 않는다. 여성에게 적당한 감정 표현은 크기도 방향도 정해져 있다. 크기는 작게, 방향은 긍정적으로. 그러므로 부정적인 감정을 잘 다루는 건 아주 중요한 능력이다. 여성주의 심리학자 미리암 그린스팬은《감정 공부》에서 우리가 부정적인 감정의 에너지를 신뢰하지 못할 때 그 에너지를 억제하고 조종하는 것을 최선의 방법으로 생각하곤 하는데, 이러한 감정의 억제는 바로 남성적 기준을 각인시키는 방식이라고 분석한다. 결국은 여자답게 행동하라는 명령이고, 남자처럼 굴지 말라는 강요라는 것이다. 미리암 그린스팬은 "우리가 감정을 의식적으로 참아낼 수 없을 때 그 에너지는 하강해 자기 자신과 타인에게 파괴적인 결과를 낳는 충동적이거나 감정적인 행동들을 촉발시킨다."라며, 이것을 '감정의 부메랑효과'라고 부른다.[1]

크게 화내는 것만으로도 도움이 된다

✳

감정의 부메랑효과는 문화적 수준에서도 명백하게 드러난다. 감정을 만성적으로 억압하는 사람들은 자신의 감정을 인공적으로 자극할 거리가 필요하다. 이 인공 자극은 불건전한 감정적 드라마로 치닫게 할 수도 있지만, 아주 의외로 '연예인'으로서 자신을 드러낼 기회를 제공하는 동시에 감정을 폭발시킬 판을 깔아주는 역할을 한다. 또한 그에 대한 반응이 다른 방식으로도 가능하기만 하다면 익숙하지만 낯선 다른 공간이 열릴 기회로 작용할 수도 있다.

〈미쓰백〉은 그런 공간 중 하나였다. 이 과정에서 백지영과 송은이의 역할이 특히 컸는데, 백지영은 밤에 일어나 먹는 모습이 찍힌 세라에게 "잠깐만, 이거 포즈(멈춤) 해줘 봐. 이거 안 나가길 바라면 얘기해."라고 말하고, 노출 수위가 심한 옷을 거부했음에도 그게 티저 사진으로 나갔다는 이야기를 듣고 "야, 미쳤나 봐. 진짜 왜 저래."라고 목소리를 높인다. 송은이는 자주 "말도 안 돼!"라고 소리치며 "XX들 하고 있네. 무슨 XX 같은 소리야. 어디서 그런 짓을 하고 있어."라며 삐-소리로 처리된 욕설을 내뱉었다. 송은이의 미간이 심각하게 찌푸려져 있고, 백지영이 화내면서 울고 있는 모습은 시청자로서의 나를 아주 안심시켰다.

페미니스트로 살면서 여성 인권과 관련된 수많은 사건들 가운데에서 매일의 정신 건강을 어떻게 지켜내냐는 질문을 정말 많이 받는다. 사람마다 모두 다르겠지만 나는 그러한 사건들에서 느껴지는 부정적인 감정들을 햇빛에 내놓아 바짝 말려 응축해놓는다. 잊지는 않되 적정한 거리를 두고 필요할 때 충분히 분노하기 위해 에너지를 모아놓는달까. 최근에 재미있는 피드백을 들었다. 어떤 분이 내 페이스북에 매일매일 들어오는데 그 이유는 내가 자주 큰소리로 화내는 걸 보는 게 그렇게 좋다는 거였다. 네? 놀라서 반문하고 한참 웃었다. 사실 나는 그렇게 자주 화를 내지는 않는다. 화가 나도 화내지 않는 때도 많다. 진짜다. 하지만 내가 화내는 걸 보는 것이 좋으시다니 뭔가 해방감이 들었다. 부정적인 감정은 때로 이렇게 드러내는 것만으로도 도움이 된다. 《불태워라, 성난 여성들 분노를 쓰다》의 편저자 릴리 댄시거는 22명의 여성 작가에게 분노에 대해 써달라고 했는데 대다수가 분노하는 대상에 대해 안전한 거리를 유지하면서 냉철하고 차분하게 설명했다며 여성의 분노가 살아 숨 쉴 수 있는 장소를 만드는 일이 얼마나 중요한지를 깨달았다고 했다.[2]

걸 그룹 전성시대의 생존기

✳

2020년 10월에 방영을 시작해 2021년 1월에 종영한 MBN의 〈미쓰백〉은 이미 데뷔했지만 한 번 더 도약을 노리는 걸 그룹 출신의 여자 아이돌이 인생곡을 받기 위해 경연하는 예능 프로그램이다. 1990년대 가요계의 흐름을 바꾼 대표적인 1세대 걸 그룹은 1997~1998년에 데뷔한 핑클, SES, 베이비복스다. 그야말로 걸 그룹 전성시대라고 불리던 2세대의 시작은 2007년이었다. 원더걸스, 카라, 소녀시대가 한 해에 나왔다. 그때부터 지금까지 260여 개의 걸 그룹이 등장해 1,300여 명이 활동했는데, 대중의 관심을 받은 건 소수다. 관심을 받았다고 해도 지속되리라는 보장은 없다. 걸 그룹 성공 확률 0.001퍼센트. 제작진은 100그룹의 200여 명과 미팅을 하면서 걸 그룹 전성시대에 걸 그룹으로 생존하기가 얼마나 어려웠는지 보여준다. "자해를 하고 치료를 받고 또 연습실에 왔는데.", "대표님이 저를 여자로 대하셨어요. 귀를 만지시면서 예쁘다.", "X년, XX년 죽여버릴 거라면서.", "얼음을 넣고 조금이라도 실수하면 머리 박고 있으라고.", "저 왕따였어요. 나도 모르게 왕따였던 거죠.", "스폰해 볼 생각 없냐. 성기 사진을 보내는 분들도 있고.", "그 회사 4년 있었는데 정산서를 한 번도 못 받았어요. 개같이 벌어서!"

어떻게 보면 익숙한 이야기다. 다만 이런 이야기들이 시사 고발 프로그램이 아니라 예능 프로그램으로 방영되었다는 점이 다르다. 수많은 경연 프로그램들이 있었지만 〈미쓰백〉에서는 특히 여자 아이돌 가수들이 여자이기 때문에 겪은 고난이 프로그램 초반에 집중 조명되었다는 점이 달랐다. 지나친 노출, 스트레스성 폭식, 현장에서의 겪는 폭력에 가까운 대접 등에 대한 이야기가 사연 팔이나 주목 경쟁처럼 보이지 않았다. 시사 고발 프로그램이라면 문제를 제기하고 드러내고 책임을 묻는 방식으로 전개될 터인데, 예능 프로그램에서는 멘토를 붙이고 참가자들의 관계성을 드러내고 그 안에서 다시 자신이 보여주고 싶었던 모습을 찾는 식의 메이크-오버 문법을 따라간다. 리얼리티 예능의 문법 안에서 드러난 이야기들은 이들을 단순히 피해자가 아닌 고난에도 불구하고 욕망을 포기하지 않는 입체적인 인물로 그려낸다. 〈미쓰백〉의 1~3회는 8명의 참가자들(가영, 나다, 레이나, 세라, 소연, 소율, 수빈, 유진)의 과거와 현재를 교차해 보여주었다. 프로그램의 초기에 해당하는 3회차 동안 8명에게 각각 지금의 자신을 설명하기 위해 과거를 돌아보는 시간을 주었다. 또한 백지영, 송은이, 윤일상 등의 멘토진들이 이들이 업계에서 겪은 노동 착취, 노출 강요, 약물 치료 등의 문제에 함께 화내는 모습을 보여주는 것은 이런 문제가 업계의 관행이 아니라 비상식임을 시청자에게 분명하게 전달한다.

보이는 몸, 보여주는 몸

✴

세라는 데뷔 첫날 음악 방송에서 가터벨트를 입고 춤을 춰야 했던 것에 관해 이야기한다. "(가터벨트를 입은 내 모습을 바라보면서) 화장실에서 도저히 눈물이 안 멈춰가지고…… 그걸 입은 내 모습을 바라보면서 그리고 그걸 입은 고등학생 동생들을 바라보면서 눈물이 안 멈춰서 10분 찍고 다시 나오고 그러고 나서 (리더에서) 짤렸죠." 가터벨트가 무슨 사자성어인 줄 알았다는 세라는 가터벨트를 입고 무대에서 춤추는 자신에게 끝내 적응하지 못했다. 세라는 영어로 한국의 걸 그룹을 소개하는 콘텐츠를 만들고 있다. 1년에 60~70그룹이 데뷔하는데 다음 해까지 살아남는 그룹이 1퍼센트. 내가 그걸 알리는 역할을 할 수 있지 않을까 하는 마음이라고 했다.

가영은 19금 콘셉트로 큰 화제를 모았던 걸 그룹 스텔라 출신이다. 처음에는 청순한 이미지로 시작했는데 대중의 반응이 없었고 이후 파격적인 19금 콘셉트를 시도하자 스케줄이 많아졌다고 했다. 대중에게 어떻게든 알려지기를 바란다는 점에서 "기뻐할 수도 슬퍼할 수도 없었다."라고 했지만, 문제는 섹시한 콘셉트로 한번 뜨면 다른 콘셉트를 시도하기 매우 어려워진다는 데 있다. 흔히 걸 그룹 생존은 3년이라는 말이 있다. 한 번은 큐티하게 한 번은 섹시하게 그리고 또 한 번은 그중 반응이 좋은 걸로 하면 수명이 끝난다는 것이다. 섹시 콘셉트에서 선을 넘어 19금 수준으로까지 가면 그때부터는 반응하는 시장 자체가 달라지기도 한다. 주요 소비자들이 팬덤이었다면 그 이후부터는 성범죄자들이 '구매자'로 등장하는 것이다.

가영은 그 경계를 경험하며 내상을 입었다. 성기 사진을 보내고 스폰서 제의를 받고 댓글로 선 넘는 조롱을 당하는 일상. 가영의 옷장에는 어두운 색의 긴 옷이 채워져 있다. "제 다리를 제 살을 쳐다보는 게 너무 싫더라고요. 제가 이런 트라우마가 생겼다는 걸, 인지를 못하고 있었어요. 언젠가부터 보니까 제가 그러고 있더라고요." 문제는 노출 그 자체가 아니라 그 노출의 의미와 방식을 누가 결정하냐는 데 있다. 나다의 존재가 각별한 건 그 때문이다. 나다는 몸매를 드러내는 문제에 대해 "좋은 거는 보여드려야 되는 거 아니겠습니까."라고 넉살 좋게 이야기하며, 트월킹을 처음 할 때만 해도 사람들이 싫다고 징그럽다고 했지만 결국은 사람들이 저를 좋아하게 되었다고 말한다. 그런 나다를 보면서 가영은 부러워한다.

서로가 서로를 응시할 때

《해방된 관객》에서 자크 랑시에르가 한 말을 빌리자면, "해방은 보기와 행위 사이의 대립이 의문에 부쳐질 때 시작된다."[3] 관객은 자신이 지각한 것을 각자의 방식으로 번역하고, 그렇게 지각한 것을 개별적인 지적 모험으로 연결한다. 지적 능력의 평등에 의거한 이 공통의 힘은 개인들을 서로 연결해주고 그들이 자신의 지적 모험을 교환하게 해준다. 〈미쓰백〉의 참가자들이 서로를 챙겨주며 서로의 자극이 되는 순간은 꽤 특별하다. 나이로 서열을 정하는 한국적 문화에서 막내 취급이라는 스테레오

타입으로 빠질 게 분명한 유진에게 수빈이 막둥 씨라는 별명을
붙여주는 장면 같은 것.

가영이 선택한 곡이 이효리의 〈블랙〉인 것 또한 여러 가지
로 의미심장하다. 이효리는 1세대 걸 그룹 출신으로 개인이 되
는 데 성공했을 뿐만 아니라, 한국에서 가장 섹시한 솔로 여자가
수면서 그 콘셉트에 잡아먹히지 않은 독보적인 인물이다. 언젠
가 이효리가 한 예능 프로그램에 출연해서 이런 말을 한 적이 있
다. 자신에게 섹시함은 콘셉트가 아니라고. 자신이 불편하면
관객들은 눈치를 채고, 나도 관객들의 눈치를 보게 될 텐데 나는
검정 브래지어 하나만 하고 무대에 올라가도 하나도 창피하지
않더라고. 이효리가 한 이 말은 정확하게 성적 대상화가 되는 것
과 성적 주체가 되는 것 사이에 어떤 차이가 있는지를 보여준다.

가터벨트가 무엇인지도 몰랐던 세라와 촬영 당일 의상을
바꿔버린 환경에서 노출을 강요당했던 가영은 자신이 어떻게
보이는지에 대해 알 권리를 체계적으로 박탈당했다. 이렇게 해
서 만들어진 이들의 이미지는 단지 섹시한 이미지인 것이 아니
라 섹시하도록 강요당한 이미지로 상품화되어 관객에게 이들을
함부로 대해도 된다는 메시지로 전달되었다. 가영은 어둡고 긴
옷이라는 변한 취향을 단지 트라우마의 증상으로 취급하지 않
고 나다와 이효리라는 확실한 레퍼런스, 그리고 자신을 응원해

주는 동료이자 관객들 앞에 서서 자신이 원하는 방식으로 무대를 만들었다. 나는 이 시도들을, 이 무대를, 이 프로그램에서 울퉁불퉁 튀어나오는 의외의 이야기들을, 서로가 서로의 관객이자 가수가 되는 장면을 되도록 크고 웅장한 언어로 의미 부여하면서 응원하고 싶은 심정이다. 프로그램은 끝났지만 경쟁이 아니라 공생이라는 기획 의도를 여덟 가수들이 잊지 않기를 바라며. 이들이 부디 버텨내기를. 그리고 끝내 자유롭기를.

10

노블 골드 캐슬 아파트 부녀회의 비밀

〈위대한 방옥숙〉

부녀회는 한국 사회 계층 상승의 핵심이었지만
그 어디에서도 제대로 다뤄지지 않았다.
여성의 경제활동은 남성의 경제활동보다
부가적인 것으로 폄하되고 비가시화된다.
이해관계에서 시작해 운명 공동체로 서로 지독하게 얽힌
아파트 부녀회 멤버들의 이야기는
그래서 더 궁금하고 솔깃하게 다가온다.

사는 곳을 통해 알 수 있는 것들

✳

어릴 적 앞 동네의 아파트에는 매주 수요일 오후에 이동 책 대여점이 오고, 목요일 오후에는 순대와 떡볶이 트럭이 왔다. 매일 달라지는 풍경이 신기해서 그 아파트 장터에 자주 놀러 가곤 했다. "너 몇 동 몇 호 애니?" 자전거를 타고 가서 잠시 세워놓고 장터에 새로 온 것들을 구경하고 있던 참이었다. 부녀회 띠를 두른 이가 자전거 한 번 나 한 번 쳐다보더니 불쑥 말을 걸었다. "저 여기 안 사는데요.", "친구 만나러 왔니?", "아뇨. 책 빌리러 왔는데요." 그날은 월요일이었다. "오늘 안 와!"라는 그 목소리에 '너 나가.' 라는 마음이 숨김없이 드러났다. "저는 오늘인 줄 알고……" 수요일인 줄 알고 있었지만 굳이 거짓말까지 해가며

어쩐지 비굴하게 대답하고 돌아섰다.

아파트에 살아본 적이 없었던 나는 이사 간 동네에 즐비한 아파트에 사는 사람들이 늘 신기했다. 아파트에서는 아래윗집에 살아도 서로 인사도 안 한다더라. 아파트에 살지 않는 사람들 사이에서 가장 많이 퍼졌던 소문을 주로 이거였는데, 실상은 좀 달랐다. 인사를 안 해서가 아니라 서로 생활 습관을 너무 간섭하는 게 문제라면 문제였다. 내 눈에는 그저 신기하고 좋아 보였다. 아파트에 사는 친구를 따라 아파트 상가 안 분식집에 가면 분식집 주인은 아는 척을 하며 외상값을 그어줬고, 재활용 쓰레기를 버리는 법부터 문을 여는 방법에 이르기까지 그곳에 사는 친구가 능숙하게 그 모든 것을 물 흐르듯 하고 주변인들이 그 모든 것에 서로 도움을 주고받는 것이 신기했다. 엄마는 그런 나를 보고 재밌어했다. 너는 왜 이층 양옥집에 살면서 아파트를 부러워하고 그래.

이층 양옥집과 아파트. 이 두 단어 사이의 연결이 오래 인상에 남았다. 이 두 단어는 그냥 주거 형태에 대한 묘사가 아니라 계층의 표식을 드러내는 이름표였다. "아는 삼촌이 살던 동네에 돌아가 떡 벌어지는 이층 양옥집을 지었어." 그런 이야기에 등장하는 주인공으로서의 이층 양옥집. "서울에서 아파트 가졌으면 성공한 거지." 이런 이야기에서 아파트가 갖는 존재감 같은 것 말이다. 박해천은 한국의 중산층은 시대별로 특정한 시공간 인덱스를 가지고 있다며 1960년대의 서북계-이층 양옥-중상류층, 1980년대의 강남-아파트-중산층, 1990년대의 신도시-이마트-중산층이라는 계보가 이어지고 있다고 분석한 바 있다.[1] 당신이 사는 곳이 당신을 말해주지 않는다는 칼럼을 읽고는 조금 갸우뚱했다. 옳고 그름을 떠나 '사는 곳'을 통해 우리는 많은 정보를 프로파일링할 수 있지 않은가.

이층 양옥집과 아파트라는 욕망의 대상

✳

한국 사회에서 '아파트'란 단지 주거 형태나 건축물의 형태가 아니다. 의식주를 비롯한 일상의 경험과 취향의 감각을 전시하고 공유하는 곳이자 한국 사회 중산층의 욕망과 실천의 역동을 가장 잘 드러내는 사회·문화적 집합체이며, 이성애 결혼 제도 안에 들어간 중하층계급 여성들이 살고자 하는 라이프 스타일을 제공해주는 상징적 구성물이랄까. 문제는 중산층이 되고자 하는 욕망이 풍요와 안정에 대한 구체적인 경험을 넘어 상징이 된 대상 자체를 욕망할 때다. 그 대상은 1960년대에는 이층 양옥이었고, 1980년대에는 아파트였다. 이 초과된 욕망이 만들어낸 파국의 장면을 1960년대 양옥 안에서 그려낸 게 김기영 감독의 〈하녀〉였다면, 1980년대 이후 굳건하게 욕망의 대상이었던 아파트를 둘러싼 여성들의 욕망을 천착한 작품은 네이버웹툰에 연재되어 완결된 매미·희세 작가의 〈위대한 방옥숙〉이다.

〈위대한 방옥숙〉 1회는 검은 옷을 입은 여성들이 시체처럼 보이는 물체를 한강에 빠트리는 장면으로 시작한다. 방옥숙은 어쩌다 이런 일까지 하게 된 걸까. 17년 전으로 돌아가 보자. 방옥숙은 인형 눈깔을 다는 아르바이트를 하는지 곰 인형으로 가득 찬 월세방에서 갓난아이를 안고서 누군가에게 얘기를 듣고 있다. "돈 백날 모아봤자 내 집 마련 못 해. 어떻게든 대출받아서 무리하게라도 무조건 아파트를 사야 해. 그러면 아파트 집값은 무조건 오르게 되어 있어. 늙어서 폐지 주워서 먹고살 거야? 동훈이 장가보내고 재희 시집보낼 돈은 어떻게 마련할 건데? 우리 같은 서민들한텐 오로지 아파트밖에 없어. 살아남을 수 있는 방법이." 평생 이렇게 살다가 죽을지도 모른다고 생각했던 방옥숙의 죽은 눈빛에 생기가 돈다. 몇 년 후 과연 방옥숙은 성실함과 집념으로 마침내 한강이 보이는 아파트 입성에 성공한다. 그곳에 입성하기 위해 방옥숙은 수단 방법을 가리지 않았고, 마침내 들어온 집에 아낌없이 돈을 쓴다. 결코 켜지 않는 에어컨과 최신 체리색 몰딩으로 꾸민 집의 거실에서 한강을 바라보는 방옥숙은 인생 최대의 성취감을 느낀다. 그런데 청천벽력 같은 소식이 들려온다. 바로 앞 동네에 재개발이 허가되어 고층 아파트가 들어선다는 게 아닌가. 한강 조망권이 있다는 이유로 높은 가격이 형성되었던 노블 골드 캐슬(구 매미 홈타운)의 가격은 순식간에 폭락한다. 방옥숙을 비롯한 부녀회가 가만히 있을 리 없다.

집값에 진심이신 분들

✴

그동안 재개발 이권 다툼을 소재로 한 영화에서 악역을 맡은 건 조직폭력배와 그들과 은밀하게 손잡은 부패한 담당 공무원들이었고 모두 남자였다. 경비원에게 심부름을 시키는 등 갑질을 하는 주민 역할로 가끔 여자가 악역이 될 때도 있었으나 진짜 문제의 뒤에는 거친 남자들의 세계가 있다는 식으로 묘사되곤 했다. 작가는 어릴 적부터 봐왔던 부동산 집값 담합은 부녀회를 위시한 맘 카페나 주민 카페 위주였고 주로 여자들이었는데 왜 이들 얘기는 아무 데서도 안 다루는지 궁금했다고 말했다. 물론 〈위대한 방옥숙〉에도 재개발 이권 다툼의 단골 악역으로 조폭 출신 남자 협회장이 등장해 정치인에게 뇌물도 주고 경찰과도 어울리는 장면들이 나온다. 조폭 협회장은 부녀회 핵심 멤버들을 모아놓고 일장 연설을 한다. "도대체가!!! 아줌마들이 반찬 걱정이나 할 것이지. 왜 일을 이 지경으로 만드냐고! 여기는 아줌마들의 세계가 아니야. 여기 이 방옥숙 부녀회장님께서 동의서만 순순히 건네줬으면, 지금쯤 다들 집에 돌아가서 씻고 얘기나 나눴겠지. 남편 바가지도 좀 긁고, 오늘 이런 일이 있었다고 서로 얘기도 하고."

부녀회 입장에서는 조합장의 이 말이야말로 무슨 꽃노래인가 싶었을 터이다. 이들이 누군가. 매미 홈타운 아파트가 불미스러운 사건으로 세간의 입에 오르내리자 노블 골드 캐슬로 이름을 바꾸는 것부터 시작해 동네에 구치소가 입주할 때 반대 시위를 조직하고, 임대 아파트 쪽과 사람이 섞이지 않도록 입구를 막고, 유명 강남학원을 유치하고 아파트값을 지켜내기 위해 시세보다 싸게 거래한 공인중개사를 협박하는 것도 마다하지 않은 사람들 아닌가.

이들은 집단 이기주의 자체로 점철된 인물 군상이며 작가도 그 점에선 조금의 여지도 두지 않고 아파트 부녀회의 전횡을 그려낸다. 하지만 경찰서에 몰려온 이들의 뒤편에서 "완전 집 값에 진심이신 분들 또 오셨냐."라며 빈정거리며 경찰이 한 말도 놓치지 않는다. 아주 작은 스포일러를 발설하자면 그렇게 중요한 인물은 아닌 이 경찰은 나중에 재개발 이권의 또 다른 부패의 축으로 밝혀지기도 한다. 부녀회 사람들이 집값에 진심이 된 이유는 여러 가지가 있지만, 중산층의 삶을 놓치고 싶지 않은 게 가장 클 것이다. "방옥숙 여사는 겨우 이뤄낸 중산층의 삶을 놓치고 싶지 않았다. 그녀는 남편의 빈자리를 메꾸기 위해 정말 부단히도 노력했다." 작중 인물들은 모두 어떤 방식으로든 남성이 가장으로서 수행하지 못했거나 다른 여러 이유로 비워진 틈을 메우기 위해 집값을 지키는 데 전력을 다한다.

파국 이후의 중산층 가족 로망스

✴

부녀회의 핵심 멤버 윤지애(부녀회장), 이호영(민서 엄마), 도도희(하준과 쥬리 엄마), 오지희(웅진 엄마), 김예리, 장명자(민호 할머니) 모두 어떤 방식으로든 이상적인 한국판 가족의 모습을 (외피뿐일지언정) 그럴듯하게 보이는 데 온 힘을 쏟는다. 가족임금(가족 생활 유지가 가능한 수준의 임금)을 받아 가족들의 생계를 부양하는 남성 가장과 전업주부 여성, 그리고 공부 잘하고 말 잘 듣는 자식이라는 '이상'을 위한 각자의 분투는 모두를 불행하게 하지만 한국 사회가 인정한 정상적인 삶의 방식이기에 누구도 이 레일에서 쉽게 내려오지 못한다.

가부장제 가족 제도에서 전업주부 여성에게 부여된 역할은 쉽게 말해 성 역할이지 실상은 특정 역할에 국한되지 않는다. 이들은 할 수 있는 모든 걸 다한다. 〈위대한 방옥숙〉은 전업주부 여성들이 적극적인 투자 행위부터 저축과 관리, 자녀 교육과 집안일, 간병, 돌봄 노동 등 다양한 방식으로 역할을 수행해내고 있음을 보여준다. 계층 상승의 핵심 키가 바로 이 투자, 관리, 생활 습관 등에서 나온다. 부녀회의 활동은 계층 상승을 유지하기 위한 필수적인 일이다. 전업주부의 이러한 경제활동들은 대체로 집착에서 비롯된 과도한 수행성으로 이해되며, 매우 부적절한 방식으로만 가시화되었다. 그러나 부적절하고 부정적일지언정 이 과잉이 결국 남성 생계 부양자 모델의 허구적 성격을 폭로하는 것도 사실이다.

방옥숙의 딸 재희는 가출한 아빠가 큰 범죄에 연루된 줄 알고 뒤를 쫓다가 아빠의 말이 대부분 거짓말이었다는 것을 알게 된다. 유라의 아빠는 사건의 전말을 말한다. "너희 아버지는 그냥 해고당하신 거야.", "왜 그런 거짓말을 하셨을까요?", "음…….내 생각엔 말이다. 수컷의 허세 같은 것 아니었을까? 해고당했다는 것보다는 횡령했다는 게 더 남자다워 보이셨나 보지. 남자는 말이다. 특히 가장에겐 실직당하는 게 목숨을 잃는 것만큼 두려울 때도 있단다." 재희는 여전히 아빠의 가출이 잘 이해가 안

가지만 아빠를 그리워하며 엄마에게 진절머리를 냈던 자기의 감정과 조금은 거리를 두게 된다.

극성스럽고 생활력이 강한 엄마에게 지친 자식들이 무능하지만 자상한 아빠를 더 그리워하는 장면은 남성 판타지의 일종이다. 무능하지만 자상한 아빠 같은 건 없다. 가사 노동과 육아에 최선을 다하는 아빠는 무능한 게 아니라 성실한 사람이다. 어린 시절에 두세 번 목욕탕에 다녀오고 바람개비를 같이 날렸다고 해서 갑자기 관계성이 다시 회복될 리는 없다. 재희의 아빠는 재희의 기대와 달리 가족에게 큰 관심이 없는 사람이다. 중산층 가정성에 대한 집착에 가까운 욕망을 가진 엄마와 가족에 대한 어떤 책임감도 가지고 싶지 않은 아빠 사이에서 재희는 부모의 기대뿐만 아니라 부모에 대한 기대를 접는 법을 배운다. 이는 한국의 중산층 가족이 생산해내는 규범이 그 누구도 만족시킬 수 없었다는 것을 드러내는 장면이기도 하다.

특권층이 된 한강 조망권 아파트 소유자

✳

한국에서 자가 주택 소유는 언제나 1순위의 재무 목표였다. 왜 내 집 마련이 이렇게나 중요한 일일까. 이유는 물론 주거 안정에 있다. 2019년 국토교통부 주거 실태 조사에 의하면 주택을 보유하고자 하는 이유는 주거 안정이 89.7퍼센트였다. 자가 소유주의 평균 거주 기간은 10.7년인 반면 임차 가구는 평균 3.2년 거주한다. 하지만 자가 소유의 욕망은 단지 주거 안정에만 있는 것은 아니다. 한국 사회는 주거 관련 이력만 들어도 상대방의 생활수준과 계층을 짐작할 수 있다. 한국에서 서울에 한강 조망권이 확보된 아파트 소유자가 된다는 건, 방옥숙이 눈을 빛내며 말한대로 '특권층'이 되는 일이다. 노블 골드 캐슬 부녀회는 정신 나간 이상한 여자들이 아니라 "사는 곳에 따라 정확하게 구획되는 도시민의 지위는 가왕이면 좋은 동네에 가치 있는 집을 사서 거주해야 한다는 강박"을 가장 합리적인 방식으로 실천하는 것일 뿐이다.

이러한 투기화된 주택 실천은 사회가 요구하는 공공의 도덕적 시민성과는 배치된다. 〈위대한 방옥숙〉의 첫 장면은 누군지 모를 시체를 한강에 빠트리고 그 시체를 감추는 부녀회원들의 수상한 눈빛으로 시작한다. 범죄행위까지도 서슴없이 손을 대는 이들은 이미 도덕적으로 파탄을 맞은 존재로 그려진다. 아파트 명의자는 아직은 여자보다 남자의 숫자가 훨씬 많을 텐데, 아파트 가격이 떨어질까 걱정하고 조망권 확보를 위한 싸움에 나서는 이들은 대부분 여자들이다. 남편과 자녀들은 부끄럽고

더러운 일로부터 적정 거리를 확보하고 있다. 한국 중산층 여성의 주택 실천에 대한 박사 논문을 쓴 최시현은 바로 이 지점이 중산층의 시민 윤리에서 성별화된 지점이라고 분석한다.[2] 부인이 손을 더럽히며 중산층 가족의 물적 토대를 만들기 위해 투기화된 실천을 하는 동안 남편은 모르는 척하거나 다른 부인들만큼 하라는 압력을 주면서 자신의 힘으로 도달하지 못한 물적 토대의 결핍에 눈을 감아버린다. 중산층 시민 윤리에서 여성 주체들이 투기화된 주체로서 도덕적 짐을 홀로 짊어지고 있다면, 남성 주체들은 중산층 가정성 자체를 여성의 욕망이라고만 전가하며 자신의 공조를 부인할 뿐만 아니라 가정을 깨고 싶지 않아하는 여성의 마음을 이용한다.

노블 골드 캐슬 부녀회의 예리는 겉보기에는 가장 완벽한 가정을 꾸리고 사는 것처럼 보인다. 예리가 꾸민 집은 언론에 소개될 정도로 아름답다. 하지만 예리가 그토록 집착하는 정상 가족 중산층 가정의 모습은 이미 깨진 지 오래다. 남편은 상습적인 가정 폭력 가해자이며, 부녀회 사람들은 예리의 상태를 보고 이를 내심 짐작할 정도로 심각한 수준이다. 그럼에도 불구하고 예리는 자신이 만들어놓은 이미지를 유지하기 위해 강박적으로 결혼 생활을 유지한다. 한강이 보이는 거실에 꽃을 꽂아놓고 사진을 찍어 SNS에 올리는 게 취미인 예리는 남편이 자기 모르게 아파트를 팔아버린 걸 알게 되자 분노를 참지 못하고 남편을 공격한다. 예리는 환상 속에서나마 한강 조망권 아파트 소유자의 특권적 삶을 살고 있었다. 예리로서는 마지막 남은 자존심마저 모두 모래처럼 흩어져버린 이상 참을 이유가 없었을 것이다.

지독하게 얽힌 사이

방옥숙의 딸 재희는 엄마처럼은 살고 싶지 않다고 한다. 고양이도 키우고, 남편이 만든 파스타도 먹는 단란한 결혼 생활을 꿈꾼다. 하지만 방옥숙도 한때는 그러했다. 방옥숙이 변하기 시작한 건 집에 주거 안정 외에 다른 가치가 덕지덕지 붙기 시작하면서부터였다. 노블 골드 캐슬 부녀회의 열성 회원들은 모두 어떤 식으로든 삶의 변화를 꿈꾸며 일생일대의 도박을 해서 성공한 이들이다. 그 성공을 눈앞에 두고 어떻게 모든 것을 제자리로 돌릴 수 있겠는가. 게다가 천정부지로 부동산 가격이 오르면서 자가 소유는 점점 시급하고 중요한 문제가 되었다. 내 집 마련을 원하는 주택 보유 의식은 84.1퍼센트로 역대 최고를 매년 갱신하며 점점 더 높아지고 있다. 비정규직과 불안정 노동에 종사하는 2030 세대들은 그렇지 않아도 불안한 현재의 상황을 조금이라도 안정적으로 만들기 위해 하루라도 빨리 자가 소유자가 되고 싶어한다. 이런 상황에서 임차 기간의 보증과 연금제도의 개선, 공공 의료 및 사회복지 서비스의 확충 등의 제안, 공용 공공주택의 공급 확충 등 (누구와 어떻게 함께 살지에 대한 고민이 전혀 반영되지 않는) 주거 문제 해결의 좌파적 '모범 답안'이 과연 설득력이 있을까.

축의금 부조 문화부터 신혼부부 주택청약제도에 이르기까지 내 집 마련과 규범적 이성애 가족을 이상적으로 실천함으로써 가장 손쉽게 계층 이동을 할 것을 기대하는 이들에게도, 결혼제도에 들어가지 않고 1인분의 안정적인 삶을 살고자 하는 이들에게도 "집은 사는 것이 아니라 사는 곳"이라는 슬로건이 공허하게 들리는 이유는 무엇일까. 아파트가 아니면 어디에서 '사는 곳'으로의 거주 경험을 할 수 있는가. 빌라촌이나 다세대주택 밀집 구역? 오히려 요즘은 경제적으로 여유 있고 소속이 안정된 이들끼리는 아파트보다 공동으로 택지를 매입하여 집을 짓고 함께 산다. 주거지역에서의 동종 선호homophilly는 점점 강화되고 있다는 얘기다. 아파트는 동종 선호의 계층 욕망이 실현되었다고 간주되는 곳이기도 하지만 사실 그것은 환상에 가깝다. 집집마다의 사정은 깊이 파고들수록 다르고, 개인들에게 아파트의 의미와 역할 또한 같지 않다. 하지만 투기화된 부동산 사회는 이런 개별의 사정에 따라 자동적으로 시장이 형성되도록 내버려두지 않는다. 노블 골드 캐슬 부녀회는 그 불안정성을 잘 알고 있기 때문에 내부 동질성을 유지하도록 더욱 강박적으로 단속했다.

하지만 삶을 속속들이 알게 된 이들은 어느 순간 유용성과 동질성에 기반한 관계 이상을 서로 주고받게 된다. 장명자는 "난 늙었고 넌 젊잖아."라며 예리의 공격으로 뻗은 남자가 아직 살아 있다는 걸 발견하고 마지막 숨을 제 손으로 거둬간다. 그리고 이 시체를 치우기 위한 공동의 여정이 시작된다. 〈위대한 방옥숙〉의 부녀회 멤버들은 집값이라는 이해관계로 만났지만 서로 얽히면서 단단히 묶인다. 이렇게 얽히면서 이들은 비로소 같이 살아가게 된 것은 아닐까. 좋든 싫든 옳건 그르건 계속 그렇게 서로를 돌보고 서로에게 남은 생의 운명을 의탁하면서.

11

몸으로
만나는
여탕의 세계

〈여탕 보고서〉 ✱ 〈급한 목욕〉

마일로의 〈여탕 보고서〉는 여자 목욕탕을
관음의 대상으로 보는 시선을 가볍게 뛰어넘어
실제 여탕에서 벌어지는 일을 그려낸다.
작가는 여탕의 문화 기술지를 아주 자세하게 그려낸 다음,
여탕에 대한 성적 호기심의 시선이
갈 곳을 잃어버리게 하는 방식으로
이 만화의 유머 감각을 '탁월하게' 유지한다.

달목욕커 P의 인간관계

　P는 사람들과 몸을 부대끼며 나누는 친밀감을 유독 좋아했다. 단골 세신사가 자기 몸의 변화를 알아봐 주는 게 반갑고, 네일아트 숍에서는 손톱을 보고 일상의 안부를 정확히 짐작해주는 게 참 다정하지 않느냐고, 단골 보세 옷 집 언니만큼 자기 몸 치수와 취향을 아는 사람이 없다고 했다. P는 틈만 나면 친구들에게 공중목욕탕이 얼마나 좋은지를 영업하곤 했다. "이번에 우리 동네에 새로 생긴 목욕탕에 숯가마가 들어왔는데 한 시간에 한 번씩 그 숯에 물을 뿌리면 수증기가 '파악' 하고 퍼지거든. 그때 사람들이 눈을 감고 얼굴에 그 증기를 쏘이겠다고 난리야. 니들도 한번 가봐야 하는데." 이제 막 이십 대가 된 친구들은 P의

이야기를 그저 흘려들었다. 친구 중 대중목욕탕을 정기적으로 가는 건 P와 나뿐이었던 듯했지만, 나는 P의 발끝도 따라갈 수 없었다. 20대에 달목욕러라니! P를 달목욕러로 만든 건 단연 세신사 기훈 언니의 공이었다.

언니는 정말, 이상한, 사람이었다. 십여 년에 걸쳐 아주 띄엄띄엄 들었던 말들을 종합하면 이렇다. 고등학교를 중퇴하고 인도로 가서 요가를 배우다가, 만난 사람에게 사기 결혼을 당해 빈털터리로 한국에 돌아왔고, 요가는 꼴도 보기 싫어져 그만두고, 지방 소도시에서 유흥업소 종업원으로 일했는데 매일 오후에 공중목욕탕에 갔다고 했다. 그때 친해진 세신사에게 소개를 받아 세신 일을 시작했는데 그게 아주 적성에 맞았다며, 가파른 인생 경로에 대해 "사주에 내가 물이 많아. 이거나 저거나 다 물장사지 뭐."라며 한마디로 정리했다. 이 단순한 정리에 여성학과 석사 과정에 다니던 당시의 나는 내심 큰 충격을 받았다. 공부한 말로는 아무것도 설명할 수 없었는데, 기훈 언니의 한마디가 그 어떤 글보다도 진실이라는 것만은 알 수 있었기 때문이다.

우리 중 누구도 아무나는 없어

✳

기훈 언니는 우리보다 여덟 살 많았는데 나이 차이를 의식한 적은 거의 없었다. 세상의 기준 같은 건 아주 가뿐히 뛰어넘는 사람이라 일단 본인이 무례하기 짝이 없었다. 기훈 언니는 누구에게나 반존대로 말했고 툭하면 말의 뒤를 잘랐다. 어차피 다 빨가벗고(꼭 이렇게 발음해줘야 한다) 만나는 사이에 뭘 그렇게 따지냐는 게 언니의 지론이었다. 그래도 모두가 기훈 언니에게 세신을 받고 싶어했다. P는 기훈 언니에게 세신을 받고 평생 시달린 이름 모를 통증을 잡았고, 그 이후에 졸졸 따라다니다가 단골을 넘어 언니, 동생 하는 친구가 되었다.

한번은 P가 화가 잔뜩 난 적이 있는데, 친구들 사이에서 관계가 꼬일 대로 꼬인 상황이었다. 친구의 친구와 사귀다가 또 다른 친구의 애인과 바람이 나고 헤어지는 대난장판. 다들 서로가 긴밀히 연결된 세계에서 일어난 이 당황스러운 사건을 어떻게 넘어가야 할지 알지 못한 채 신경이 날카로워졌을 때, 친구의 애인이 기훈 언니에게 수작을 거는 문자를 보냈고 거기에 돈 문제가 얽혔다. 이미 그전에 수면 아래에서 이렇게 저렇게 패가 갈리고 뒷담화가 난무한 상태에서, 머리채를 잡기 직전까지 치닫던 상황에서 이건 아주 쉽게 불붙는 장작이었다. 이제 와 복기해보면 문제가 감당하기 어려울 정도로 골치 아파지자 이 불화에 크게 관계없었지만, 희생양으로 삼을 만한 인물이 지목된 거였다고 생각한다.

P가 기어이 듣게 된 말은 이거였다. "너, 좀 아무나하고 친구 하지 마." 섞여 있는 것 같았지만 이런 순간이 되면 바로 이 물질으로 취급되는 이질감. 잔인한 말이었다. 긴장이 최고조에 달했다. 그런데 P는 답지 않게 얼굴을 굳히고, "내 친구 중 누구도 아무나는 없어."라고 말했다. 그때 일 자체는 대체로 흐릿해져 사건의 전말이 기억에 남지 않는데 저 문장만은 계속 남았다. "우리 중 누구도 아무나는 없어." 이건 좀 꿈같은 말이라서 나도 모르게 이 말의 힘을 믿고 싶었다. 하지만 저 말만으로는 바뀌지 않는 선이 있었다. 기훈 언니는 더 이상 술자리에 오지 않았다.

〈여탕 보고서〉, 디테일한 여자 목욕탕의 세계

✳

기훈 언니는 더 이상 모임에 나타나지 않았지만, 목욕탕에 가면 언제든 만날 수 있었다. 언니의 세신은 점점 더 유명세를 탔고 예약 손님이 밀려 있었으니 모든 게 그렇게 자연스럽게 지나간다고도 생각했다. 평소 대중목욕탕에 다닌 적이 없던 애들이 기훈 언니의 연락처를 물었다. 세신을 받으려면 문자로 예약 문의를 넣어야 한다고 말해주었고, 한참 만에 답장을 받은 몇은 세신을 받으며 사과를 했단다. "어쩐지 송구스럽기도 했고, 언니가 화나서 어떻게 할지도 모른다고 생각하니 무섭기도 하고 그랬다."는데, 세신을 받고 난 다음에는 다 됐고 "언니 사랑해." 라는 소리가 절로 나왔다고 했다. 마일로 작가의 〈여탕 보고서〉 세신사 편에는 이런 말이 나온다. "때밀이를 한 번도 안 받아본 사람은 있지만, 한 번만 받아본 사람은 없다."라고. 조금도 과장이 아닌 문장이다. 기훈 언니에게 세신을 받아본 친구들은 모두 늪에 빠졌다.

여자 목욕탕에서 다 벗고 만난 이들끼리 잠시나마 만들어지는 친밀감은 임시적이고 우연적이지만 쉽게 휘발되지는 않았다. 지방 소도시 여자 목욕탕의 오후 시간에는 유흥업소 언니들이 집단으로 와서 목욕하고 가는 일이 잦다. 김유담의 소설《이완의 자세》에서 세신사 엄마를 둔 주인공은 어린 시절 목욕탕에서 살다시피 했는데, 오후 2시가 되면 단체 손님으로 찾아오는 유흥업소 언니들을 보곤 했다. 씀씀이가 크고 비싼 마사지도 마다하지 않으며 평상에 앉아 발톱에 매니큐어를 바르는 모습. 나역시 이곳저곳 강의를 다니다가 딱 그 시간쯤에 목욕탕에 갔다가 유흥업소 언니들의 집단 목욕 타임과 겹친 적이 있다. 머리가 새하얗게 센 할머니, 아이 둘을 데리고 온 엄마, 일군의 유흥업소 언니들 여섯 명, 그리고 나처럼 그냥 지나가는 여행자, 자매로 보이는 십 대 두 명. 이렇게 열두 명이 한 탕에 들어 있었다. 서로 만날 일이 없어 보이는 이들이 대중목욕탕의 큰 탕에 함께 띄엄띄엄 들어 있는 풍경.

여자 공중목욕탕은 여자끼리 몸으로 만나는 아주 특별한 예외적인 세계다. 마일로의 〈여탕 보고서〉는 여자 목욕탕을 관음의 대상으로 보는 시선을 가볍게 뛰어넘어 실제 여탕에서 벌어지는 일을 그려낸다. 어깨에 잔뜩 성난 승모근을 세운 채 망사로 된 검정 속옷을 입고, 긴 때수건을 붕대처럼 손에 감은 세신사의 풍경과 이쪽에는 금발 바비 인형을 손에 들고 목에 핏대를 세우고 우는 아이가 있고, 저쪽에는 뛰어다니는 아이에게 뛰지 말라고 소리를 지르는 엄마가 있다. 다른 쪽에는 여덟 개의 부황 자국이 삼중으로 그러데이션 된 등을 보이며 "아흐~" 하는 묘한 신음을 내며 탕에 들어가는 중년 여성 한 무리, 얼굴에 각종 팩을 하고 팩 우유를 먹는 이들 한 무리, 천장에서 떨어지는 찬물을 어깨에 맞으며 흡사 무협 수련을 하는 것처럼 보이는 사람. 10초만 담가도 시뻘게지는 70도씨에 가까운 열탕에 들어가서 몸을 푹 담그고 시원하다고 하는 할머니. 사우나실에서 스트레칭과 근력 운동까지 하는 목요커 스포츠인도 보인다.

마일로 작가는 아주 의도적으로 "이곳은 여탕, 금남의 공간, 신비의 세계……."라며 '여탕의 신비'를 전면에 배치하고 냉수 폭포, 실리콘 부황의 세계, 만렙의 달목욕커 등 여탕의 문화 기술지를 아주 자세하게 그려낸 다음, 여탕에 대한 성적 호기심의 시선이 갈 곳을 잃어버리게 하는 방식으로 이 만화의 유머 감각을 '탁월하게' 유지한다.

여자의 벗은 몸이 모여 있는 여자 목욕탕을 전혀 성애적이지 않게 그려내는 이 낯선 풍경이 주는 새로움을 포착한 독자들이 여탕에 대한 불온한 호기심을 가졌던 자신을 희화화하며 댓글을 달고 있다. "이게 그 유명한, 노출 해도 야하지 않다는 그 웹툰인가요."라는 댓글에는 좋아요가 8만여 개다. 그밖에도 "올누드가 나와도 주변을 신경 쓰지 않아도 되는 웹툰"이라느니 "투명 인간이 되면 뭐할래? 리는 질문에 당연히 어탕이쥐! 라는 대답은 이제 하기 싫어졌다."라며 주로 남성 독자들은 여성들이 전부 벗고 있는 공간으로서 관음증적 성적 호기심의 대상이었던 여탕에 대한 기존의 시선을 더 이상 유지할 수 없다고 한탄하고, 여성 독자들은 작가가 풀어놓은 디테일에 감탄하며, 저마다 자기가 경험한 동네 목욕탕의 문화 기술지를 앞다투어 펼쳐놓는다.

왜 그녀는 아무도 없는 시간에 급히 목욕했을까

✳

2016년 예능 프로그램 〈아버지와 나〉에는 아들과 같이 목욕탕을 가는 게 꿈이었다는 아버지가 나오고, 2021년에 방영한 드라마 〈나빌레라〉에서는 아들이 아버지와 있었던 유일한 따뜻한 기억이 목욕탕이었다고 말한다. 아버지와 아들이 같이 목욕탕에 가는 것은 한국 드라마나 소설에서 자주 나오는 클리셰 중하나다. 그만큼 아버지와 아들이 함께 뭘 같이 하는 문화가 없다는 말이기도 하다. 어머니와 아들의 목욕 동행기는 주로 남자의 어린 시절에 대한 수치스러운 기억으로 소환되곤 한다.

반면 어머니와 딸이 함께 대중목욕탕에 가는 건 너무 일상적이어서 어디에서나 구태여 흔적이 남겨지지 않아 문화적 상징으로도 서사적 장치로도 등장하지 않는다. 대중문화에서 여자 목욕탕은 사춘기 남자아이들의 관음 대상으로 그려졌고, 성문화박물관 같은 곳에서는 그 관음증을 당당한 문화로 승격시켜, 가짜 사다리에 창문을 갖춰놓고 여자 목욕탕의 물소리와 그림자로 무려 체험관을 만들어놓기도 했다. 여자 목욕탕을 여자의 벗은 몸을 실컷 볼 수 있는 곳으로 상상하는 남성 판타지의 세계는 얄팍하고 조악하기 그지없었다.

여성 작가들이 그려낸 여자 목욕탕의 풍경은 달랐다. 방정아 작가의 〈급한 목욕〉이 대표적이다. 이 작품에는 목욕탕 물을 빼고 청소를 하는 여성 등 뒤에서 멍든 몸을 씻고 있는 중년 여성이 나온다. 작가는 우연히 TV에서 가정 폭력 피해 여성이 남편을 살해한 사건 후 마을 사람이 "참 순한 사람인데…… 근데 공중목욕탕에서 한 번도 못 봤어요."라고 인터뷰하는 걸 듣고, 그러한 사람이라면 피멍을 감추려고 목욕탕 문을 닫기 직전에 갔을 거라고 생각해 이 그림을 그렸다고 했다. 왜 동네 목욕탕에서 본 적이 없지? 라는 마을 사람의 의문은 다시 화가에게로 옮겨가, 만약 목욕탕에 갔더라면 언제 갔을까, 라는 상상으로 이어졌다. 여성은 문 닫을 시간에 왔을 것이다. 남편에게 맞았다는 걸 동네 사람들이 알기는 원치 않지만 생활의 고단함을 벗겨 내는 공중목욕탕을 포기할 수는 없었으리라. 하지만 그렇다면 굳이 공중목욕탕에 갈 이유가 없지 않을까. 탕에 앉아서 몸을 풀 수도, 통증에 대한 이야기를 나눌 사람도 없는 시간에 하는 목욕이 무슨 의미가 있단 말인가. 나는 작가가 길어 올린 상상의 세계에 여자 목욕탕의 문화 기술지를 펼쳐본다.

여자 목욕탕의 세계에서 이야기의 중심은 항상 각자의 '통증'이었다. 찜질 사우나에 앉아 있으면 달목욕을 다니는 사람들끼리의 대화를 가끔 훔쳐 들을 수 있는데, 각자의 시시콜콜한 집안 사정 이야기가 아무리 막장에 치달아도 결국 이야기의 결론은 지금 몸에서 어떤 통증이 어떤 증상으로 발현되고 있는지와 이 통증을 낫게 해주는 각자의 방법에 대한 노하우 공유로 수렴되곤 했다. 물을 다 뺀 탕 안에서 청소하는 세신사를 등지고 의자에 앉아 불지도 않은 때를 밀었을 여자는 누구와도 제대로 된 관계도, 대화도 맺을 수 없다는 걸 깨달았던 것은 아닐까. 만약 여자가 남편에게 맞아 생긴 멍을 보여주고 그 멍을 빼기 위한 다정한 참견을 들었더라면 어땠을까.

세신사 기훈 언니의 행방

✳

기훈 언니는 십오 년 전 종적을 감췄다. 들리는 소식으로는 얼굴에 큰 흉터가 생겨 세신사를 그만두었다고 했다. 최고의 실력을 가진 세신사였지만 얼굴의 흉터는 극복할 수 없는 장애물이었을 것이다. 김유담이 《이완의 자세》에서 "나는 그때서야 여탕이 온갖 사람들이 구별 없이 드나드는 곳처럼 개방되어 있어도 가만히 들여다보면 멀쩡한, 너무도 멀쩡한 몸을 가진 사람들만 자신 있게 벌거벗은 채 걸어 다닐 수 있는 곳이란 게 눈에 보였다."라고 쓴 바대로, 여탕이란 그런 곳이니까. 모두 그 흉터 얘기를 듣자마자 언니를 등쳐먹던 그림자 같은 남자의 존재를 떠올렸지만 그 남자는 언니의 공식적인 무엇도 아니었기에 그 남자를 찾는 건 불가능했다. 언니를 찾는 사람이 많았지만 누구의 연락도 받지 않았다.

그리고 몇 년이 지나 오랫동안 언니라는 사람의 존재 자체를 잊고 지냈다. 2019년 부산시립미술관에서 열린 방정아 작가 전시에서 〈급한 목욕〉을 보고 나서야 언니가 다시 생각났다. 나만큼 여자 몸 어디가 어떻게 뭉치고 아픈지 아는 사람 없을 거라며 몸의 때를 벗겨 내며 통증도 함께 없애주던 기훈 언니. 정작 본인에게 일어난 고통의 흔적은 소문으로만 남기고 사라진 기훈 언니. 여자 목욕탕의 세계를 알려주고 본인은 그곳을 떠난 기훈 언니. 언니는 지금 어디에 있어?

12

여적여는
어떻게
연대로
변하는가

〈동백꽃 필 무렵〉

드라마는 사람들의 호의가 동백을 생존할 수 있게 한다는 점을
정성스럽게 보여주는 한편,
결코 거기에 멈춰 있어서는 안 된다는 메시지를 전한다.
인간은 함께 살 수밖에 없는 존재면서,
동시에 인생은 어차피 혼자 견뎌내야 하는 몫이 있다.
공존과 각자도생은 상호 배타적인 말이 아니라
삶의 시간성을 드러내는 말이다.

'여적여'는 언제, 왜 문제인가

✳

동백(공효진)은 외지인이 적응하기 쉽지 않은 지방 소도시 옹산에 아무 연고 없이 터를 잡았다. 남편 없는 젊은 여자가 갓난아이를 안고 온 것만으로도 입방아에 오를 일인데, 창문 없는 가게를 얻어 '까멜리아'라는 이름의 밥집 겸 술집을 차렸다. 지역 주민 여성들은 경계한다. 2019년 방영된 드라마 〈동백꽃 필 무렵〉의 첫 회 장면이다.

첫 회가 방영되고 난 뒤, 혹자는 '여자의 적은 여자'(여적여)라는 프레임이 이 드라마에서도 반복되고 있다며, 동백을 괴롭히는 동네 여자들의 집단 따돌림에 대해 드라마가 무감하게 군다고 비판하기도 했다. 하지만 드라마가 회차를 거듭하면서 그

런 비판의 목소리는 사라졌다. 동백이와 함께 지내면서 여자들의 태도가 호의적으로 바뀌었기 때문이다. 오히려 이 드라마는 단순히 여성이 여성을 돕는 모습을 강조하는 좌우 반전의 장치만으로는 '여적여'라는 프레임을 깰 수 없다고 생각하고, 이 프레임이 작동되는 기본적인 전제들을 하나씩 깨나간다.

가부장제 사회에서는 생계 부양자 남자 가장이 부양의 의무를 다하기만 하면, 아내와 자녀에 대한 배타적 법적 권리를 행사할 수 있도록 허용해왔다. 일부일처제가 확립되기 이전에 아내의 지위는 매우 불안정했으며, 그렇기 때문에 안정된 지위를 위한 여자들 간의 싸움이 치열했다. 일부일처제가 확립된 이후에 '여적여'는 가족 내에서 주로 시어머니와 며느리 간의 갈등을 통해 드러나는데, 이 역시 아들 혹은 남편의 태도에 따라 집안 내에서의 여자의 위상이 달라지기 때문에 발생하는 일이다. 다시 말해, 전통적 의미의 가부장제 사회에서 여자들의 지위가 남성에게 귀속되기 때문에 특정 계급의 특정 위치에 있는 여자들은 구조적으로 서로 친해지기 어려웠다. 하지만 모든 여자들이 조건이 더 좋은 남자를 차지하는 데 관심이 있지도 않고, 동일한 이해관계인 것도 아니며, 무엇보다 언제나 여자들이 피부양자였던 것도 아니다.

옹산 게장 골목의 여자들은 자력갱생은 물론 가족을 책임지는 생계 부양자들로 나온다. 이들은 남자를 차지하려고 '경쟁'하는 게 아니라 남자를 '단속'한다. 게장 골목은 여성을 중심으로 한 유사 친족 경제 공동체의 공간이다. 한국의 지역성은 대체로 촘촘한 친족 관계 안에서 혼인을 통해 결연을 맺는 방식으로 만들어져 왔다. 게장 골목 같은 공간은 씨족공동체의 전통적 사회관계와는 일정 정도 이탈해 있다. 옹산 게장 골목의 여자들은 가정경제를 책임지는 강인한 자영업자로, 자신들 중심으로 골목의 질서를 만들어 왔다. 그런데 까멜리아는 옹산의 이러한 여성 중심의 촘촘한 네트워크를 이탈해 유일하게 지역 주민 남자들의 프라이버시를 지켜주는, 숨 쉴 구멍이 된다. 그러니 눈엣가시가 될 만도 하다. 중요한 건 여자들이 서로 반목하는 것에 있지 않다. 만약 그 반목이 납작한 전형성 속에 있지 않고 충분히 납득할 만한 이야기 안에서 설명되기만 한다면, 동백이 즐겨 쓰는 표현처럼 "댓츠 오케이"다. 더 중요한 건 이 반목 상태에서 드라마의 서사가 멈춰 있지 않다는 데 있다.

치부책을 높이 든 동백

✳

동백이 겪는 고난은 크게 두 가지, 하나는 '직업여성'일지도 모른다는 문화적 낙인이고, 다른 하나는 부모도 없고 남편도 없는 여성이 아이를 혼자 키우면서 겪는 '비혼모'의 경제적 고난이다. 동백이 직업여성이 되지 않고도 아이를 혼자 키울 수 있는 건 창문 없는 까멜리아를 낮은 임대료로 빌려준 건물주 노규태(오정세)와 텃세를 막아준 곽덕순(고두심) 덕분이다. 하지만 이들이 동백의 구원자인 것은 아니다. 이들의 호의란 언제든지 거둬질 수 있는 불안정한 것이다. 이 드라마는 사람들의 호의가 동백을 생존할 수 있게 한다는 점을 정성스럽게 보여주면서 주조연 모두에게 애정을 기울이는 한편, 동백이가 결코 거기에서 멈춰 있어서는 안 된다는 메시지를 전한다. 인간은 함께 살 수밖에 없는 존재면서, 동시에 인생은 어차피 혼자 견뎌내야 하는 몫이 있다. 공존과 각자도생은 상호 배타적인 말이 아니라 삶의 시간성을 드러내는 말이다. 24시간 내내 완전히 혼자 고립되어서 살아갈 수도 없지만, 혼자 있는 시간을 완전히 없앨 수도 없는 게 삶이다. 이 두 가지를 잘 받아들이는 사람은 채워지지 않는 인정욕구에 시달리지도, 밑도 끝도 없는 불안에 잠식되지도 않는다.

동백이라는 캐릭터가 놀라운 점은 여기에 있다. 동백은 변덕스러운 선의의 세계와 일상적인 악의의 세계에서 살아가면서도 타인에 대한 친절한 마음을 잃지 않고, 때로는 지독히 혼자일 수밖에 없는 삶을 감당한다. 동백이가 갖은 고난을 겪으면서도 풍파에 깎여 나가지 않는 이유는 단 한 번도 자기 자신이 아닌 것이 되기 위해 애쓰지 않기 때문이다. 드라마 내내 동백이가 겪는 고난은 좀 너무하다 싶을 정도로 다양했지만, 시청자 입장에서 한 번도 스트레스를 받지 않았다. 어떤 풍파도 동백이를 흑화시키지 않을 거라는 믿음이 있었다. (이 캐릭터가 이렇게 생동할 수 있게 된 건 맑지만 마냥 해맑지 않고, 강해 보이려 하지 않으나 언제나 자기만의 개성을 사람들에게 매력적으로 설득하는 데 성공해온 배우 공효진의 힘이 컸다.)

옹산 지역 주민들은 동백을 동네에서 왕따시키기도 하고, 땅콩 서비스를 요구하며 갑질을 하거나 때로는 성희롱까지 서슴지 않는다. 동백은 이 모든 일을 '치부책'에 써두고 필요한 순간에 꺼내 든다. 치부책은 까멜리아라는 공간의 질서를 상징하는 장치다. 옹산 게장 골목의 질서에서 이탈해 있는 까멜리아를 남자 손님들이 자신들을 위한 해방구로 사용하고자 하려는 시도는 동백이가 높이든 치부책의 존재로 저지당한다. 동백에게 치부책이 있다고 알려지자 그동안 동백을 경계하던 여성들은 내심 환영하고, 남편과의 불륜을 의심하던 변호사 홍자영(염혜란)은 동백을 돕겠다고 자처한다. 치부책은 까멜리아의 질서를 만들고 적용하는 주체가 동백이라는 선언이었다. 이 드라마는 여자들 사이의 경쟁적 긴장 관계와 적대적 마음이, 어떻게 서로를 긍휼히 여기고 연대하고 연민하는 상호성으로 변해 가는지를, 각자 만들어낸 공간을 지키고, 그 공간 안에서 룰을 인정하는 과정을 통해 대충 낭만적으로 비비지 않고 매우 공들여 보여준다.

그리하여 드라마의 핵심 갈등은 용식(강하늘)과 동백이 서로를 마음에 품는 과정에서 밀고 당기기 하는 것도 아니고, 알고보면 유명 프로 야구선수가 아이의 친아버지(김지석)였던 것도 아니며, 심지어 연쇄살인범이 드리운 그림자도 아니다. 이 드라마의 중심 서사는 등장하는 여성들이 서로에 대한 오해와 편견을 어떻게 거두는지, 각자의 인생관을 어떻게 이해해 가는지에 맞춰져 있다.

모성 신화와 엄마라는 경험

✳

이 드라마를 볼 때마다 새롭게 발견하며 감탄한다. 인물들이 종종 관습적인 것처럼 행동하지만 대부분 구체적인 서사가 있기 때문에 관습적으로 움직여도 쉽게 비판하기 어려울 만큼 설득력이 있기 때문이다. 이런 태도는 아무리 익숙한 이야기라도 서사가 부여되어야만 이야기가 굴러간다는 걸 보여줌으로써 관습적으로 반복하는 편견에 대해 도리어 제대로 질문하는 힘을 준다. 예컨대, 왜 동백이한테 아이가 그토록 중요한 존재였는지는 모성 신화 정도로 지나갈 문제가 아니다. 이 드라마가 '엄마'라는 존재에 의미를 부여하는 방식이 모두 그렇다.

〈동백꽃 필 무렵〉에는 다양한 엄마들이 나온다. 동백의 엄마 정숙, 용식의 엄마 곽덕순 그리고 동백이는 모두 여자보다는 엄마로서의 정체성이 더 큰 인물로 나온다. (동백의 이 대사가 단적으로 보여준다. "저 그냥 엄마 할래요. 여자 말고.") 셋 모두 남편의 부재를 경험했고 혼자 아이를 키우는 고난을 돌파해낸 인물들이다. 이들은 엄마 노릇과 가장 노릇을 하느라 모성 신화 같은 걸 쓸 겨를이 없다. 곽덕순 회장님을 보라. 불의의 사고로 순식간에 아이 아빠를 잃어버린 만삭의 곽덕순 앞에서 박수무당은 남편 잡아먹는 팔자를 기어이 운운했다. 하지만 우리 회장님은 그 순간에도 천재적인 추리 솜씨로 "너, 내 남편 아니지, 왜 사투리를 쓰냐. 내 남편은 평생 그 지역 근처에도 가본 적이 없다."라며 박수무당의 사기 행각을 밝혀낸다.

이렇게 팔자 세다는 말에 순응하지 않고 강건히 자기 팔자를 스스로 개척하며 아들 셋을 키운 분이니 이유 없는 손가락질을 받아온 동백이를 챙기는 마음은 결코 섣부른 동정 같은 게 아니라, '찐'이다. 하지만 어미로서의 마음과 비슷한 처지에 있었던 동병상련에 대한 마음이 종종 겹쳐지다가도, 제 아들 다쳤다는 소리에는 번번이 쟁그랑 갈라진다. 아마 필구 엄마인 동백이도 언젠가는 그러할지 모른다. 서로 이해하면서도 완전히 끌어안을 수만은 없는 처지. 아들을 지키는 어미면서 버림받은 딸인 동백이와 아들을 지키는 어미면서 남편 잃은 아내인 회장님은 아마 평생 마음을 합쳤다가 떨어뜨렸다가 할 것이다.

신장병에 걸려 투석을 받으면서도 생의 마지막을 동백에게 폐 끼치지 않으면서 지켜주려 한 인물로 나오는 정숙(이정은) 역시 마찬가지다. 동백이는 자신의 신장 기증으로 다시 살아난 정숙의 진심을 때로는 의심할지 모른다. 적어도 시청자인 나는 가장 헌신적으로 보이는 정숙이 가장 의심스러웠다. 어쩌면 드라마에 나온 정숙은 동백이가 믿고 싶은 모습에 불과할지도 모르지만, 그걸 믿지 않을 방법도 없을 테니, 그 마음 역시 포개졌다가 멀어졌다 하겠지. 한 가지는 분명하다. 모성은 구체적인 돌봄 경험을 통해 만들어진 것이지 결코 신화가 아니라는 점.

까멜리아라는 사이 공간을 통해 드러난 '열외'의 삶들

그리고 또 다른 주인공이 있다. 바로 까멜리아와 향미(손담

비). 동백이가 가게를 임대해 단정한 한글 간판으로 바꾸기 전의 까멜리아 간판은 정확히 소위 '맥양집' 간판의 외양을 빼닮았다. '맥양집'이란 주택가 깊숙이 있는 성매매 업소를 지칭하는데, 보통 'HY크리스탈M'체로 꽃 이름을 가게 이름으로 새기고 맥주, 양주를 메뉴로 내걸며 창문이 없고 동네에서 가장 허름한 지역에 군락을 이루고 있다. 말하자면 까멜리아는 어디에나 있지만 어디에서도 제대로 재현된 적이 없던 '맥양집'을 공중파 식으로 순치시킨 공간이다.

　이 순치는 봉합을 위해서가 아니라 지워진 이들의 서사적 공간을 재창출해, 말해질 수 없었던 이야기들이 드러날 수 있게 하는 장치로서 기능한다. 예컨대, 향미 말이다.(향미라는 이름을 쓰자마자 눈물이 쏟아질 것 같다. 드라마의 마지막까지 나는 향미의 귀환을 기다렸다.) 향미는 "동백이 개 완전 민간인이야."라며 동백이 '직업여성'이 아니라는 걸 증명해주는 인물이자, 하층민 여성이 흔히 겪어온 기구한 사연들을 응축한 삶을 살아가는 존재로 그려진다. 그래서일까. 드라마 중반까지 향미가 트랜스젠더일지도 모른다고 추리하는 시청자들이 꽤 있었다. 향미가 가고 싶어하는 코펜하겐이 세계 최초의 성전환 수술이 이루어진 곳이기도 하고, 가족들에게 버림받았을 뿐만 아니라, 동백이와 초등학교 동창이었지만 전혀 알아보지 못하는 것 등이 그러한 추리에 그럴듯한 살을 붙여갔다.

향미는 어디에도 속해 있지 않은 인물로 그려지고, 어딜 가나 열외로 취급되는 처지라는 점에서 눈에 보이는 것마저 허용되지 않는 소수자다. 향미가 입에 달고 사는 말은 자신은 "착한 남자들 눈엔 안 보인다."라는 소리였다. 향미는 남자들의 구린내를 기막히게 잡아낸다. 향미를 마음속 깊이 낮추어보던 남자들은 향미가 머리를 쓰는 존재라는 걸 아주 손쉽게 잊어버렸다가 뒤통수를 맞는다. 이 드라마에서 가장 소외된 존재, 가장 이해받지 못한 존재, 가장 기능적인 존재는 향미였다. 향미는 동백이의 무결함을 증명해주는 역할을 맡았다. 향미는 동일한 하층민 여성으로서 경제적 곤궁을 겪었지만 성 판매는 하지 않은 동백의 결정이 쉽지 않았음을 증명하기 위한 기능을 수행한다. 하지만 향미의 실종 24시간 전으로 되돌아가 한 회의 이야기가 오롯이 향미의 서사로 채워져 흘러가고 난 다음의 향미는 더 이상 시청자들에게도 드라마 안에서도 열외가 아니다.

향미는 동백이가 용식에게 사랑받는 모습을 보고 부러워하지만, 향미가 욕망한 것은 정작 남자가 아니었다. 향미는 두 가지 소원을 말한다. 나를 잊지 말아요. 그리고 다음 생에는 동백이의 딸로 태어나고 싶다고 한다. "사람 인생에 다음 판이 있다면, 나는 언니 딸이나 할까 봐." 동백이는 딸의 이름으로 향미의 본명을 따서 고운이라고 짓는다. 향미의 두 가지 소원은 그렇게 죽어서야 이루어진다. 향미가 끝내 살아남아 까멜리아처럼 물 망초를 향미만의 질서가 통용되는 공간으로 만들어냈다면 어떤 일이 벌어졌을까. 나를 잊지 말아달라고 한 향미가 모두에게 잊히지 않을 공간을 만든 모습을 상상해본다. 착한 사람 눈에는 안 보이는 향미는 착하지는 않지만 나쁘지도 않은 이상한 사람들이 잔뜩 모이는 가게를 만들지 않았을까. 세계에 존재하지만 지워져 버린 사람들을 위한 공간 말이다. 그러니 동백이가 기어코 스스로 만들어낸 해피엔딩에 향미의 부재를 성급히 채워버리지 말고 공백으로 남겨둘 필요가 있다. 때로는 기억 그 자체가 가장 강력한 연대가 되니까.

13

잘 봐,
언니들
싸움이다

〈스트릿 우먼 파이터〉

〈스트릿 우먼 파이터〉에 나오는 여자 스트릿 댄서 크루들은
이미 국내외에서 최고의 기량을 가진 사람들이다.
앨범을 내준다거나 데뷔를 하게 해준다거나
유명 가수의 안무를 맡게 해준다거나 하는 조건은 전혀 없다.
다만 이들은 댄서들에 대한 대우가 달라지기를 바라는 마음으로
출연했다고 하는데 결과는 대성공이다.

약자 지목 배틀의 진짜 의미

✳

〈스트릿 우먼 파이터〉(이하 〈스우파〉) 이후 댄서들은 더 이상 무대 뒤에서 아티스트를 돋보이게 하기 위한 존재가 아니라, 밴드의 세션처럼 자기 영역에 대한 깊은 애정과 자부심을 가진 아티스트라는 걸 대중들에게 알렸다. 그동안의 규칙마저 바뀌었다. Mnet은 다음 프로그램으로 〈스트릿 맨 파이터〉가 아니라 〈스트릿댄스 걸스 파이터〉를 론칭했다. 여자 참가자를 대상으로 한 프로그램이 성공하면 그다음에 남자 참가자 대상 프로그램이 기획되어 전작의 인기를 발판으로 안전한 흥행을 거두는 공식마저 바뀐 것이다.

여자들끼리 경쟁하는 프로그램이 없지는 않았다. 걸 그룹

멤버를 뽑는 〈프로듀스 101 프로젝트〉도 있었고, 〈쇼미더머니〉의 여자 버전으로 알려진 〈언프리티 랩스타〉, 이미 데뷔한 걸 그룹이 스스로 무대를 기획해 경쟁하는 〈퀸덤〉도 있었다. Mnet의 〈댄싱 9〉, KBS의 〈댄싱 하이〉 등 댄스 경연 프로그램을 통해 몇몇 댄서들과 안무가들이 주목받은 적도 있지만 이 정도로 인기를 끈 것은 처음이다. 〈스우파〉 1회를 보고 나면 왜 이렇게 여자 팬덤들이 열광했는지를 알 수 있다.

　1회의 미션은 약자 지목 배틀, 내가 이기기 위해서 최약체를 지목해야 한다. 지목당한 당사자는 '노 리스펙' 스티커를 받는다. 이 규칙이 좀 묘하다고 생각했는데, 약자 지목 배틀은 서로 누구인지 알아야만 지목할 수 있다. 자신들끼리 서로 알고 있는 배틀 중심 스트리트 댄스씬 문화가 없다면 애초에 성립할 수 없는 미션이다. 만약 잘 모른다면 그만큼 알려지지 않았기 때문에 약자인지 아닌지 알 수조차 없다. 그러므로 이름은 약자 지목 배틀이지만 사실은 이미 상대의 실력을 어느 정도 알고 있는 댄서들이 평소에 배틀 상대로 붙어보고 싶은 상대를 고르는 것이다. 라치카의 피넛은 그동안 배틀에서 한 번도 이겨본 적이 없는 프라우드먼의 립제이를 지목한다. 스트릿 댄스씬에서 가장 많이 우승했다고 알려진 립제이가 피넛과의 대결에 진지하게 임한 것은 당연하다. 〈스우파〉의 출연진들은 모두 열정적으로 무대에 몰입한다. 약자 지목 배틀에서 약자라는 말은 더 이상 중요하지 않다. 서로가 서로를 약자로 지목할 수 있고, 또한 자신이 약자가 아니라는 걸 증명하기 위해 일부러 강자를 고르기도 한다. 이 미션을 같은 길 위에서 평소 눈여겨봐 둔 상대와 함께 무대에 설 기회로 삼기까지 한다. 홀리뱅의 리더 허니제이는 프라우드먼의 리더 모니카에게 약자 지목 배틀의 상대로 지목되자 바로 고개를 끄덕이며 일어나서 이렇게 말한다. "잘 봐, 언니들 싸움이다." 아니 이게 무슨 소년 만화의 주인공 같은 대사며, 이 대사를 현실에서 하는데도 하나도 민망하지 않다니.

과몰입의 순간

　함께 오랫동안 크루로 지냈다가 어느 순간 서로 눈도 제대로 마주치지 않는 사이가 된 홀리뱅의 허니제이와 코카N버터의 리헤이의 대결은 〈스우파〉 과몰입 현상을 이끌어낸 백미 중의 백미였다. 왜 별말 없이 팀을 그만두었는지 설명 들은 적이 없는 허니제이와 언제나 자기 입장과 스타일만 고수하는 허니제이에게 지쳤던 것으로 보이는 리헤이의 불화는 댄스씬 전체가 알고 있을 정도로 유명했던 모양이다. 이들이 한 무대에 서서 배틀을 하는 광경 자체가 믿을 수 없는 일이라는 다른 출연자의 인터뷰가 방송되고 카메라는 무대를 비춘다. 각기 주어진 40초의 시간, 그리고 둘이 함께 쓰는 40초의 시간 동안 승패가 갈라진다. 다들 숨죽이면서 무대를 보다가 경악과 환호가 섞인 함성이 터진다. 프리스타일 춤 대결을 하는데, 이미 다른 팀의 리더가 된 두 사람이 맞춘 것처럼 똑같은 동작을 한 것이다.

이 장면을 다시 돌려 볼 때마다 제대로 정리되지 않았던, 하지만 막상 정리하려고 하면 이미 돌이킬 수 없을 정도로 시간이 지나버린 나의 실패한 관계들에 대한 생각이 나서 감정이 크게 일렁였다. 같은 길을 가고 있다고 생각했는데 어느새 왜 이렇게 멀어진 건지 도저히 모를 관계들. 적당히 사교적인 얼굴로 사회성을 발휘하며 관계의 소멸을 눈치채지 못하게 조용히 꺼트렸어야 했는데 그러지 못해 서투르기 짝이 없게 종결된 관계들. 혹은 그런 식으로 소멸당했는데 그걸 모르다 끝끝내 상처를 받아버린 관계들. 허니제이와 리헤이의 관계도 이 중 어딘가에 있지 않았을까 싶은데, 이들의 무대를 보면서 꽤 깊은 위로를 받았던 것 같다. 다시 회복되지 못하더라도 함께 빛나던 순간이 있었다는 건 사실이니까. 〈스우파〉에서 가장 좋아하는 캐릭터는 따로 있지만 과몰입 계기는 이 순간이었다. 허니제이와 리헤이가 똑같은 동작의 춤을 추던 몇 초.

경쟁을 즐기는 여자들

✳

YGX의 리더 리정은 라치카의 시미즈에게 약자로 지목되자 "내가 약자? 난 한 번도 약자였던 적이 없는데?"라며 자신만만한 표정으로 무대에 오른다. 1승을 챙긴 리정이 그다음에 지목한 약자는 원트의 채연. 채연을 지목한 이유에 대해 리정은 "아이돌이 여기 나오기까지 얼마나 많이 용기 냈는지 알겠다. 그건 리스펙. 하지만 여긴 내 공간."이라고 못을 박는다. 채연을 춤으로 이기는지 여부가 문제가 아니라, 이 무대의 주인공은 나라는 선언이다. 스트릿 댄스씬에서 자란 〈스우파〉의 여자들은 경쟁을 즐기고 싸움을 피하지 않는다. 필요하면 상대의 무대를 방해하고 격해지면 걸어 넘어트리는 것도 망설이지 않는다. 오히려 이기기 위해서 최선을 다하지 않는 걸 이상해한다. 웨이비의 리더 노제가 전체 안무의 감독을 맡았을 때, 위협이 되는 경쟁자를 견제하기보다는 마음에 드는 사람의 포지션을 돋보이는 식으로 배치하자 다른 팀의 리더들은 노제를 이해할 수 없어 한다. 오히려 목표가 분명하지 않은 건 아닌지를 의심한다.

여성들은 성취와 경쟁을 부정적으로 본다는 인식이 있다. 개인의 성취는 왜 집단의 자원을 갈취한 것으로 취급되었던 걸까. 그 개인이 충분히 집단과 몫을 나누지 않으려 했기 때문일까. 아니면 개인의 성취와 집단의 이익을 상호 적대적으로 만드는 다른 부정적인 힘이 작동했기 때문일까. 개인이면서 동시에 집단의 일원으로 여성 동성 사회에서 환영받고 인정받는 존재로 살아가는 건, 정말로 쉽지 않은 일이다. 성취와 경쟁 자체가 남성적 문화의 산물이라는 분석도 있고, 여성 스스로 일과 가정생활의 양립을 위해서라도 지나치게 목적 지향적인 일에 몰입하는 것을 피하려고 한다는 조사도 있다. 하지만 이런 분석은 모두 틀렸다. 여자가 여자로서의 주어진 역할을 벗어나려고 하면, 남성을 따라 하려고 한다는 식으로 읽는 건 너무나 게으른 분석이다. 일·가정 양립이 왜 여자들에게만 해당하는 규범인가. 가정생활을 위해서 필요한 시간을 확보하는 게 왜 성별에 따라 달라지는가. 이것은 모두 성차별주의의 산물일 뿐이다.

다만 남성 리더들이 지배적인 집단에서, 혼자 그 지위까지 오른 여자들은 남성 중심 문화에 균열을 내기보다는 남성 집단의 규칙을 따라간다. 그래야만 그 지위까지 올라가는 것이 가능했을 것이다. 조직 내에 유일한 여성 리더가 된 여자 상사들이 자신들의 생존과 성공을 위해 남성 중심주의에 동화되거나 성차별 이슈를 회피하는 경향이 있다. 그래서 여자 상사들과 함께 일하는 게 더 힘들다는 말이 나오는 것이다. 나는 "자매애는 있다."라는 말을 믿지 않는다. 억압받은 자들의 본능은 저항하는 것이 아니라 순응하는 데 있다. 저항은 아주 드물게 이루어지며 그래서 놀라운 것이다. 자매애는 그냥 생기지 않는다. 여자들이 집단을 이루고, 위아래에 다양한 위치에 포진해 있어야 서로 욕망하고 반목하다가도 저항하고 연대할 수 있다.

여기에도 저기에도, 여자가 리더일 때

✴

한두 명의 예외적인 존재로서 여자 리더들이 있는 게 아니라, 모두가 여자 리더라면 상황은 많이 달라진다. 승진에 미치는 변인의 성별 차이를 분석한 연구에 따르면, 여성이 직속 상사일 경우 부하 직원들은 성별과 관계없이 모두 더 많이 승진했다.[1] 비전통적인 리더는 조직 전체의 이동성을 높이고 활력을 불러오는 동기부여의 부스터가 된다. 성취를 꺼리는 게 아니라 성취를 위해 부정의한 것을 지불해야 하는 상황에 더 민감하다고 보는 편이 맞을 것이다. 이런 제약이 사라진 곳에서는 여자들도 거리낌 없이 자신을 드러내고 이기고 싶다는 욕망을 표출한다. 스우파에서 그랬듯이 말이다.

〈스우파〉에서 채연은 안스러울 정도로 많이 약자 지목 배틀의 상대로 지목되는데, 그런다 해도 채연이 일방적으로 괴롭힘을 당하는 것처럼 보이지는 않는다. 그 이유는 원트의 황금 리더 효진초이가 있기 때문이다. 효진초이는 아이돌이라는 이유로 실력을 의심하는 이들에게 굴하지 말라며 납득할 수 없는 걸 그냥 넘어가지 말라고 조언한다. 원트라는 팀은 〈스우파〉를 위해 만들어진 프로젝트 그룹이라 사제 관계나 친분으로 묶여 있지 않고, 팀원들이 선호하는 장르도 다 다르다. 효진초이는 이 모래알 같은 크루원들이 〈스우파〉에서 함께 무엇을 만들어갔으면 좋겠다는 생각으로 리더로서의 책임을 다한다. 만난 지 얼마 되지 않았고 앞으로 다른 길을 갈 수도 있는 팀원들 앞에서 효진초이는 자신의 춤을 멋지게 보여주는 것보다는 끝까지 리더이고 싶어했다. 효진초이와 아이키는 '내 자식을 보내고 싶은 리더'로 학부모의 인기를 독차지하고 있다는데, 아마 이런 점 때문일 것이다.

좋은 리더란 어떤 사람인 걸까. 약자 지목 배틀에 이어진 계급 미션에서는 각자의 포지션별 메인 자리를 놓고 경쟁한다. 리더들은 리더 계급으로 묶이고, 메인 댄서는 메인 댄서로 묶이는 식이다. 방송사가 포지션별 경쟁을 굳이 '계급 미션'이라는 이름을 붙여 서열을 강조하려고 한 거였다면 그 기획 의도는 실패했다. 〈스우파〉의 출연진들은 계급 미션을 서열 싸움이 아니라 수 싸움 읽기와 리더십 경쟁으로 소화했기 때문이다. 제자들을 데리고 크루를 만든 아이키와 허니제이를 제외하고, 다른 팀의 리더는 굳이 나이와 경력 순서로 정해지지 않는다. 그렇다고 가장 춤을 잘 추는 사람이거나 안무를 잘 짜는 사람이라고 볼 수도 없다. 리더는 누구보다 나이가 많거나 경력이 되거나 춤을 잘 춰서가 아니라, 리더라는 역할을 잘하기 때문에 리더다. 리더는 선택하고 결정하는 사람이 아니라 모두가 선택과 결정에 참여할 수 있도록 하고 그 최종 결정을 책임지는 사람이다.

홀리뱅의 리더 허니제이는 도입과 솔로, 엔딩까지 자신에게 스포트라이트가 오도록 안무를 구성했다가 팀원들의 의견을 듣고 팀원 제인이 엔딩을 담당하도록 안무를 일부 바꾼다. 하지만 그렇다고 해서 팀원 모두가 골고루 주목받는 방식으로 문제를 해결하지는 않는다. 자신이 메인 역할을 맡은 이유는 리더이기 때문이 아니라 자신이 그 안무를 가장 잘 소화할 수 있다고 생각했기 때문이다. 이 부분까지 신뢰가 사라지면 오히려 팀의 방향성은 더 흔들릴 수 있다. 허니제이는 경연이 끝나고 인터뷰에서 수평적 리더십과 수직적 리더십에 대한 그간의 고민을 얘기한다. 경력과 실력의 차이가 있는 게 분명한 상황에서 수직 관계 자체를 거부해버리는 것도 답이 아니라는 걸 깨달았다는 것이다. 친근하게 다가가서 편하게 대하려고 하는 것으로는 이미 존재하는 차이를 극복할 수 없다는 걸 알았고, 새로 만들어진 팀에서는 수직 관계에서 자신이 할 수 있는 책임을 다하는 방식으로 전환했다는 얘기였다.

흔히 여성적 리더십이라고 할 때 수평적 리더십, 탈권위주의, 섬세한 의사소통 능력 등에 대한 기대를 꼽는다. 이 같은 평가는 여성 리더들을 남성 리더들과 비교했을 때 의미 있을지 모르지만 여자들이 대거 리더가 되는 곳에서는 의미가 없다. 또한 이제 리더가 되기 시작했을 때는 몰라도, 경력이 오래되고 역사가 만들어지는 곳에서는 여성적 리더십이라는 식의 분류가 큰 의미가 없기도 한다. 허니제이의 말대로 이미 존재하는 명백한 차이를 그대로 두고 수평을 강조하는 건 오히려 리더십에 공백을 만들 수 있다. 수직적 리더십이라고 해서 무조건 권위주의적인 것도 아니다. 허니제이는 자신의 시야에 한계가 있을 수 있다는 것을 인정하고 팀원들의 의견을 들어 안무를 바꿨다. 그리고 이 미션에서 드디어 갈망하던 1위 자리에 오른다. 타인의 의견을 수용해도 리더십에 상처가 생기는 게 아니라는 걸 알게 된 것이다. 평생 리더로 살아온 사람이 이제야 리더가 된다는 게 뭔지 알 것 같다고 말하는 장면에서 언제나 한발 앞서 나갔던 여성 리더들은 크게 위로받지 않았을까.

싸워도 괜찮아

✳

〈스우파〉 과몰입 방지라며 각 멤버들끼리의 친분을 알려주는 유튜브 조회 수는 수십만이 넘는다. 하지만 관계성에 대해 더 자세히 알수록 더 많은 것이 보인다. 과몰입 방지하려다 입덕을 시작했다는 사람들이 많다. 시미즈는 프라우드먼과 활동하다 팀을 나와 개인 활동을 하다가 라치카에 들어갔고, 리정과 립제이는 모녀 상황극을 촬영할 정도로 친하다. 허니제이는 노제가 고등학생 때 춤을 가르친 적이 있으며, 노제는 리헤이가 차린 학원의 강사로 일했다. 모니카와 립제이는 함께 산다. 제트썬과 리헤이는 아주 가까운 동네 친구다.

〈스우파〉를 좋아하는 팬들은 이제 방송국이 제시한 화면 뒤로 들어가 각 크루원들의 관계도를 다시 그리고 있다. 나도 이제 이 정도는 안다. 이들은 스승과 제자였다가, 선후배였다가, 배틀의 상대자가 되었다. 안 좋게 끝난 인연도 있고 좋은 인상을 받고 스쳐 지나간 이들과는 다시 관계를 맺기도 한다. 여자들과 맺는 다양한 관계의 가능성이 자연스럽게 눈앞에 펼쳐진다. Mnet은 서바이벌 프로그램에서 악성 편집으로 특정 인물에 대한 호불호를 심리적으로 조작한다는 비판을 받아왔다. 이번에도 그런 점이 없지는 않았지만 크게 부각되는 않았다. 애초에 이 프로그램은 스트릿 댄스씬의 역사가 없었다면 만들어질 수 없었다. 역사가 있는 곳에는 항상 갈등이 있게 마련이니 화해를 하면 다행이겠지만 못한다고 해도 큰 상관은 없다. 배틀은 배틀일 뿐이니까. 싸움도 해봐야 는다. 이 언니들이라면 아무리 싸워도 안심할 수 있을 것만 같다. 싸워도 괜찮다. 그게 다 서사가 되고 역사가 될 것이므로.

작업실 서재 책장에 제일 아끼는 칸이 있다. 여성 인물 자서전과 평전을 모아놓은 칸이다. 북페어에 가면 이 칸을 채울 책이 나왔는지부터 챙겨본다. 특히나 미디어에 노출된 여자들에 대한 이야기가 너무 얄팍해서 견딜 수 없을 때가 있는데, 그럴 때 평전 중 가장 두꺼운 책을 꺼내서 몇 쪽이라도 읽고 나면 마음이 편안해진다.

지난 10여 년간 온라인 상의 여성 혐오가 온라인과 오프라인을 가리지 않고 영향력을 확대하면서 여성을 함부로 정의 내리는 말이 쏟아졌다. 단 한 명조차 그렇게 한마디로 단언될 수 없는데도, 여자에 대한 뻔한 얘기를 떠드는 입들은 멈추는 법이 없었다. 여자들 사이에서 있었던 일을 조금이라도 복잡하게 얘기하면 바로 '여적여'라는 프레임 안으로 넣어버리거나, 그러니까 여자들과는 일하기가 싫다는 식으로 말해서 어이가 없었던 적도 여러 번이다. 여자애들끼리 사이좋게 지내야 한다는 말도, 여자의 적은 여자라는 말도 모두 다 이상하기 짝이 없다. 마치 여자들 사이에는 아무런 차이가 없는 것처럼 어떤 고유성도 존재할 수 없는 것처럼 내뱉는 말들이 아닌가. 버지니아 울프는 여자들이 남성 동료나 남성과 대등한 사람이 될 필요는 없다고, 그저 자기 자신이 되는 것이 훨씬 더 중요한 일이라고 말한 바 있다.

배우 산드라 오는 한 인터뷰에서 영화 〈기생충〉으로 상을 받는 봉준호 감독을 보고 충격을 받았다고 말했다. 자신을 평생 소수자로 취급해온 할리우드 영화계에서 자신과 같은 인종의 남자가 평생 한 번도 인종적 소수자로 살아본 적이 없는 얼굴로 상을 받는 장면을 보고 한국계 미국인 여자라는 자신의 위치에 대해 다시 생각해보게 되었다고 말이다. 문제는 피부색이 아니다. 모든 소수자 문제는 본질이 아니라 위치에서 나온다. 여성이 남성 중심 사회에 소수자로 존재한다고 해도 여자들의 사회에서는 그렇지 않다. 여자들의 사회에서 여자는 소수자가 아니라 다양한 방식으로 존재할 수 있다.

여자들의 사회는 흔히 대중문화에서 관습적으로 보이는 것처럼 여왕벌이 지배하는 사회도 아니고 서로 경쟁하고 날 세우는 캣파이트가 일상적으로 일어나는 곳도 아니다. 여자 상사에 대한 수많은 부정적인 표현들이 있지만 정작 일반화할 수 있을 정도로 케이스가 풍부한 것도 아니다. 실체 없이 만들어진 고정관념 때문에 다르게 해석할 가능성은 애초에 막혀버렸다. 이 책에서는 여자들에 대해서 쓰고 싶었다. 여자들 한 명 한 명의 개인이나 여자들 사이의 관계에 대해서가 아니라, 그 이전에 그 자체로 존재하고 또한 그 존재로서 사회의 일원인 여자들이 만들어내고 경험하고 있는 사회에 대해 이야기하고 싶었다.

가부장제는 선택과 인정의 권력을 일부 남자가 독점하도록 만든 체제다. 그런 사회에서 여자들이 서로를 인정하고 지지하고 응원하는 관계로 지내는 것은 쉽지도 않고 당연하지도 않다. 똑같은 위치에 있을 때에만 원 안으로 들어오는 것을 환영하고, 조금이라도 튀거나 부족하면 원 바깥으로 내치면서 그 집단의 수준을 관리하는 것 역시 여성들에게 주어진 성 역할 중 하나였다. 페미니스트가 만든 사회라고 해서 완전히 해방적인 것은 당연히 아니고, 동등한 것과 동일한 것을 착각하는 일도 종종 있었다. 그럼에도 불구하고 여자들은 언제나 가부장제 사회에 완전히 포섭되지 않는 방식으로 여성 동성 사회를 만들어왔다. 그리고 그 증거들을 대중문화 속에서 찾아내는 이번 작업은 아주 즐거웠다.

휴머니스트에서 벌써 세 번째 단행본을 낸다. 싫어하는 것을 얘기할 때보다 좋아하는 것에 대해 얘기할 때 훨씬 더 많이 긴장해서 마감을 여러 번 어겼다. 그럼에도 2021년에 새로운 책으로 독자들을 만날 수 있게 되어 기쁘고 감사한 마음이다.

강경옥, 《17세의 나레이션》(1~4), 시공사, 1998.

언니네 사람들, 《언니네 방》, 갤리온, 2006.

감독 타카하타 이사오, 〈빨강머리 앤〉(1~50), 닛폰 애니메이션, 1984.

루시 모드 몽고메리, 《빨간 머리 앤》, L.C. Page & Co, 1908.

감독 임대형, 〈윤희에게〉, 리틀빅픽처스, 2019.

삼, 〈하루만 네가 되고 싶어〉, 네이버시리즈, 2020.

루이자 메이 올컷, 《작은 아씨들》, 로버트브러더스, 1868.

감독 그레타 거윅, 〈작은 아씨들〉, 소니픽처스, 2019.

한정현, 《소녀 연예인 이보나》, 민음사, 2020.

극본 박연선, 연출 이태곤·김상호, 〈청춘 시대〉, Jtbc, 2016.

각본·감독 정재은, 〈고양이를 부탁해〉, 마술피리, 2001.

연출 남성현, 작가 주기쁨 외, 〈미쓰백〉, MBN, 2020~2021.

매미·희세, 〈위대한 방옥숙〉, 네이버웹툰, 2019~2020.

마일로, 〈여탕 보고서〉, 네이버웹툰, 2016~2017.

방정아, 〈급한 목욕〉(캔버스에 아크릴), 경남도립미술관 소장, 1994.

극본 임상춘, 연출 차영훈, 〈동백꽃 필 무렵〉, KBS, 2019.

CP 권영찬, 연출 최정남, 〈스트릿 우먼 파이터〉, tvN, 2021.

1 너에게 내가 누구인지 말하고 싶어

1 린 헌트, 《인권의 발명》, 전진성 옮김, 돌베개, 2009, 33쪽.

2 낸시 암스트롱, 《소설의 정치사》, 오봉희·이명호 옮김, 그린비, 2020, 22쪽.

3 슈테판 볼만, 《책 읽는 여자는 위험하다》, 조이한·김정근 옮김, 웅진지식하우스, 2012, 67쪽.

4 Hammarén N. and Johansson T., "Homosociality: In Between Power and Intimacy", SAGE Open, January 2014, doi:10.1177/2158244013518057

5 관련해서는 다음 논의를 더 참조할 것. Eve Kosofsky Sedgwick, *Between Men: English Literature and Male Homosocial Desire*, Columbia University Press, 1985, p.2.

6 로이스 타이슨, 《비평 이론의 모든 것》, 윤동구 옮김, 앨피, 2012, 671쪽.

2 서로를 길러내는 우정에 대해

1 주디스 버틀러, 《연대하는 신체들과 거리의 정치》, 김응산·양효실 옮김, 창비, 2020, 256쪽.

2 Bernice Johnson Reagon, "Coalition Politics: Turning the Century", *Home*

Girls: A Black Feminist Anthology, edit. Barbara Smith, 1983, Kithcen Table.

4 너에게만은 부끄럽고 싶지 않은 마음

1   박유희, 〈한국 대중 서사 장르 연구의 출발점, 멜로드라마〉, 《대중 서사 장르의 모든 것-1 멜로드라마》, 2007, 이론과실천, 10~14쪽.

5 자매를 미워하기엔 인생이 너무 짧아

1   메이슨 커리, 《예술하는 습관》, 이미정 옮김, 걷는나무, 2020, 23쪽.

6 이름을 기억할 것, 사랑할 것, 그리고 낙관할 것

1   한정현, 〈우리의 소원은 과학 소년〉, 《소녀 연예인 이보나》, 민음사, 2020, 246쪽.

2   버지니아 울프, 《자기만의 방》, 오진숙 옮김, 도서출판 솔, 1996, 201쪽.

3   한정현, 〈과학 하는 마음〉, 《소녀 연예인 이보나》, 민음사, 2020, 193쪽.

4   비톨트 곰브로비치, 《이보나, 부르군드의 공주/결혼식/오페레타》, 정보라 옮김, 워크룸프레스, 2015, 121쪽.

5   한정현, 〈오늘의 일기예보〉, 《소녀 연예인 이보나》, 민음사, 2020, 101쪽.

8 외롭지 않냐고? 고양이와 살면 되지!

1   캐일린 셰이퍼, 《집에 도착하면 문자해》, 한진영 옮김, 반니, 2020, 29쪽 재인용.

9 잊지 않기를, 버텨내기를, 끝내 자유롭기를

1 미리암 그린스팬, 《감정 공부》, 이종복 옮김, 뜰, 2008, 96쪽.

2 릴리 댄시거, 《불태워라: 성난 여성들 분노를 쓰다》, 송섬별 옮김, 돌베개, 2020, 8쪽.

3 자크 랑시에르, 《해방된 관객》, 양창렬 옮김, 현실문화연구, 2016, 24쪽.

10 노블 골드 캐슬 아파트 부녀회의 비밀

1 박해천, 《아수라장의 모더니티》, 워크룸프레스, 2015, 61쪽.

2 최시현, 《부동산은 어떻게 여성의 일이 되었나》, 창비, 2021, 9쪽.

13 잘 봐, 언니들 싸움이다

1 황성수, 〈남녀 관리자의 승진 요인 분석: 승진에 미치는 변인의 성별 차이를 중심으로〉, 《여성연구》 vol 92. No.1, 2017, 57~83쪽.

여자들의 사회

1판 1쇄 발행일 2021년 12월 6일

지은이 권김현영

발행인 김학원
발행처 (주)휴머니스트출판그룹
출판등록 제313-2007-000007호(2007년 1월 5일)
주소 (03991) 서울시 마포구 동교로23길 76(연남동)
전화 02-335-4422 **팩스** 02-334-3427
저자·독자 서비스 humanist@humanistbooks.com
홈페이지 www.humanistbooks.com
유튜브 youtube.com/user/humanistma **포스트** post.naver.com/hmcv
페이스북 facebook.com/hmcv2001 **인스타그램** @humanist_insta

편집주간 황서현 **기획** 전두현 **편집** 최윤영 **디자인** 유주현
조판 이희수 com. **용지** 화인페이퍼 **인쇄** 청아디앤피 **제본** 민성사

ⓒ 권김현영, 2021

ISBN 979-11-6080-751-6 03330